우리 아이들은 6개월만 지나면 다른 학교 아이들과 대화가 안된대요.
대학에 가서도 다른 학교 출신 아이들을 만나면 "아직도 애기 같다"
그렇게 표현해요. 생각들이 천편일률적이래요.
머릿속 지식수준은 비슷할 텐데 '의식수준' 은 전혀 다른 거예요.

다양한 인성교육 프로그램을 통해서 의식이 계발되었으니까
대학에 가서 어떤 행사를 하더라도 리더를 한대요.
요새는 대학의 입학처장들이 우리 아이들을 자기 대학에 보내달라고
학교까지 찾아옵니다. 자기 주도적 학습능력이 있으니까
확실히 다른 애들하고 많이 차이가 나나 봐요.

꼴찌로 들어와 일등한 아이

신입생들을 데리고 연수를 갔는데 돈 통에 있는 돈이 싹 없어졌어요.
'아차! 아이들 교육시키러 왔다가 도둑을 만들었구나!'
그래도 다음날 아무 일 없었던 것처럼 내가 "잘 잤니?" 하고 인사하니까
얘들이 눈을 마주치지를 못해요.

그런데 그날 저녁에 학급 대표들이 빵모자에다가
없어진 돈 4만 몇천 원을 가지고 왔어요. 제가 그때 그랬어요.
"너희들은 잘못을 인정하고 그것을 되돌려 놨으니까
이 연수는 너희들의 잘못 때문에 성공할 수 있었다" 칭찬해줬더니
아이들 얼굴이 환해져요. 완전히 부활 체험이에요.

도둑 만든 성지순례

논산대건고교장 **강석준 신부**

교육, 영성만이 답이다

흰물결

교육, 영성만이 답이다

펴낸곳 도서출판 흰물결
펴낸이 박수아
표지그림 김천정

초 판 1쇄 발행일 2011년 7월 26일
개정판 1쇄 발행일 2012년 3월 1일

주 소 137-885 서울 서초구 서초동 1720-8 흰물결빌딩 5층
등 록 1994. 4.14 제3-544호
대표전화 02-535-7004 팩스 02-596-5675
이메일 edit@worldreader.net
홈페이지 www.worldreader.net

값 15,000원
ISBN 978-89-92961-07-3

교육, 영성만이 답이다

대담·글 윤 학

교육, 영성만이 답이다

가톨릭학교의 왕따

교육부도 놀란 시골학교

그 새벽에

그날 새벽, 저는 오늘까지 나를 이끌어온 것이 무엇일까 생각했습니다. 그리고 앞으로 무엇이 나를 이끌어줄 것인지도 생각해봤습니다. 그것은 제가 배운 학문도, 재산도, 명성도 아니었습니다. 내 안에 깃든 나의 영혼이 나를 인도하고 있었습니다.
어릴 때부터 가졌던 나의 꿈도, 지금 제 가슴속 깊숙이 자리잡은 소망도 내 영혼이 바라는 것이었습니다. 내 근원은 내 영혼의 속삭임에서 나온 것이었습니다. 저는 제 영혼에게 속삭여보았습니다.

　　내 영혼아 너는 어디 있느냐?
　　내 영혼아 너는 무엇을 찾고 있느냐?

나는 그 새벽 내 영혼의 소리를 들었습니다. 길을 잃고 헤매는 사람들의 소리도 들었습니다. 저는 자리에서 벌떡 일어나 외쳤습니다.

　　사람들이 자신의 영혼의 소리를 듣게 하자!

오늘 우리는 내 영혼의 소리를 듣기는커녕 시시각각 쏟아내는 말잔치에 귀를 기울이다가 하루를 보내고 맙니다.

매일 가족보다 더 가까이 대하는 언론은 어제 거짓을 말해놓고 오늘 거짓임이 밝혀지면 부끄러워하기는커녕 또 다른 거짓을 말합니다.

우리들은 그 언론에 춤추고 누구를 칭송하다가 또 누군가를 비난합니다. 재미있는 것은 그런 일이 되풀이되어도 우리는 언론의 속삭임에 귀를 기울인다는 것입니다.

길도 아닌 언론이, 길도 아닌 대중이, 그 언론과 대중을 업은 몇몇 사람들이, 여론이라는 그럴듯한 명분으로 본디 뿌리조차 없는 다수라는 이름으로 세상을 휩쓸고 있습니다.

우리는 길을 잃었습니다. 우리는 영혼을 잃은 것입니다.

내 아이들이 남을 괴롭히는 것은 눈 하나 깜짝하지 않으면서도 우리는 내 아이가 괴롭힘을 당할까 전전긍긍합니다. 내 아이를 훌륭히 키

워내도 아이의 친구들이 훌륭하지 않으면 내 아이 역시 행복하지 못
할 터인데도 우리는 내 아이만이 훌륭하기를 바랍니다.

사람들에게 인정받을 수만 있다면, 남이 부러워할 정도로 가질 수만
있다면 그깟 영혼의 소리는 무시해 버립니다. 그러나 그 결과는 어땠
습니까?

우리는 길을 잃은 것입니다. 우리는 영혼을 잃은 것입니다.

영혼을 잃어버린 사람은 자신의 내부가 아닌 외부에서 무엇을 찾습니
다. 돈을, 명예를, 권력을, 심지어는 자신까지 잃어버리는 마약을 찾
아 사방을 기웃거립니다.

영혼이 있는 글은 우리를 치유해 줍니다.

글은 우리의 혼을 담아내는 그릇입니다. 그런데 오늘 우리는 혼이 담
긴 글을 만나기가 쉽지 않습니다. 혼이 없는 사회에서 혼이 있는 글이
나올 수 없기 때문입니다.

그러나 이 삭막한 세상에도 자신의 영혼을 가꾸어 그것을 꽃으로 피
워내는 분들이 있습니다.
귀한 영혼들이 품어내는 아름다운 소리를 퍼뜨리기만 하면 그 거대한
합창은 어떤 소음도 사그라뜨릴 것입니다. 그것만이 우리를 평화롭게
하고 자유롭게 하는 길입니다.

이 책을 통해 우리 모두 자신의 영혼의 속삭임에 귀를 기울이고 자신
의 순수와 만나기를 소망해봅니다.

서초동 흰물결에서

윤 학

가톨릭학교의 왕따

세 번의 질문

충청도 예산의 시골에서 자랐는데, 증조부 때부터 4대째 천주교 집안이었지만 아버지가 4대 독자시고 내가 장남이어서 신부가 된다는 생각은 해본 적이 없었지요.

어릴 때 저녁에 온 가족이 모여 기도하면 친구들은 같이 놀자고 밖에서 기다리고… 그러면 기도하는 게 막 귀찮기도 하고 그랬어요.

주일이면 교리문답 책 320조목을 외워서 아버지 앞에서 찰고를 해야 했고요. 아주 시골이라서 공소에 가서 공소예절하고 묵주기도하고 십자가의 길까지 하면 얼마나 지루한지 몰라요.

그러다 읍내 예산중학교를 갔는데, 읍내 성당에 ‘백블랑’이라는 불란서 신부님이 계셨어요. 졸업 무렵 신부님이 “미카엘, 어느 학교 가요?” 하고 물으시더군요. 내 속으로는 공주에 있는 고등학교 가서 나중에 선생님이 되고 싶었거든요.

신부님이 딱 알아보시고는 “선생님 되려고 그래요?” 하셔서 “그렇다”고 했더니 더 이상은 묻지 않으셔요.

다음 주에 성당 갔더니 또 “어느 학교 가요?” 그러셔요. ‘이 양반이 건망증이 심한가?’ 하고 똑같이 대답했지요.

그런데 그 다음 주에 또 물어보시는 거예요. 네 번째 물어보실 때 장난으로 “저, 신학교 갈까요?” 그랬더니 “안되지, 선생님 된다면서” 그러시면서도 미사 끝나고 잠깐 사제관에 들르래요. 가끔 가면 만화책도 주고 먹을 것도 주고 그러셨거든요.

사제관에 갔더니 신부님 얼굴이 갑자기 빨개지면서, “미카엘, 신학교 가서 원서 사와요” 하시는 거예요. 내가 뭐 잘못했나? 깜짝 놀라서 얼떨결에 “아, 예” 하고 대답을 해버렸어요.

그 신부님은 화를 내실 때 얼굴이 빨개지거든요. 농담이든 장난이든 내가 그때 ‘예’ 하고 대답한 거잖아요. 그 ‘예’에 대한 책임을 져야 된다고 생각했어요.

집에 와서 부모님께 말씀드렸더니 아버지께서 “신학교는 오랫동안 생각하고 가는 거지 갑자기 가는 것이 아니다. 정 가고 싶으면 일주일 후에 다시 얘기하자" 그러셔요. 별로 고민 안했어요. 일주일 후에 아버지가 묻기에 그냥 신학교 가겠다고 그랬어요.

그때 서울에 소신학교가 있었어요. 원서 마감날 아버지께서 원서 접수하려고 서울 가신 후, 제가 입시요강을 다시 보려고 원서봉투를 열어보니까 전날 밤 써놓은 원서가 그대로 있는 거예요. 그때 원서를 두 장 갖고 있었는데 아버지가 작성도 안된 원서봉투를 갖고 올라가셨던 거예요. 큰일 났잖아요.

십리 길을 달려서 역으로 갔는데 벌써 한 시간 전에 기차가 떠났대요. '신학교 아무나 가는 게 아니구나!' 하고 터벅터벅 돌아오다가 마침 철도고등학교 원서 내러 서울 가는 친구를 만났어요. 내 원서를 맡기면서 "나중에 갚을 테니까 내 원서 좀 접수해주라"고 부탁했죠.

그때 시골에는 전기도 안 들어오고 전화도 없었으니까 무작정 기다렸어요. 우체부가 와서 알려주기까지는 접수됐는지 안 됐는지 알 수가 없죠. 나중에 알고 보니 그 친구가 제일 마지막으로 원서를 접수했더라고요.

이 녀석은 틀렸구나

부제품 받을 때 아주 큰 고비가 있었어요. 곧 부제품을 받아야 하는데 하나도 준비가 안 되어 있는 거예요. 기도를 해도 기쁨이 없고, 하느님은 사랑이시라는데 정작 사랑을 느껴보지도 못했어요.

'이런 내가 어떻게 신부가 되나! 이것은 위선이다' 그런 생각이 들었고 그때부터 도무지 아무것도 할 수 없었어요.

그런데 방학이라 집에 갔더니 내 위상이 얼마나 높아져 있던지… 부모님, 친척들은 물론이고 동네 사람들도 신부될 거라고 기대가 컸죠. 그렇다고 주위 분들의 기대에 부응하기 위해서 사제가 될 수도 없고, 하느님의 사랑을 느끼지 못하면서 하느님은 사랑이시라고 선포하는 것은 더더욱 어렵고….

이런 생각에 짓눌려 아침에도 밥을 먹는 둥 마는 둥 하고는 지쳐 쓰러져 자고 밤에도 한숨 못 자고, 한 40일을 그렇게 하니까 몰골이 말이 아니어서 거울보기가 두려울 정도였죠. 내가 너무너무 비참한 거예요.

더 이상 견딜 수가 없어서 부모님께 말씀을 드렸지요. 아버지께 "저 휴학할게요" 그랬어요. 그만둔다고 하면 실망하실 것 같아서. 그런데 의외로 아버지가 "휴학하느니 새 출발 하자" 하셨어요. 5만 원을 주시면서 신학교 가서 정리하고 내려오래요. 얼마나 고마운지 막 날아갈 것 같았어요.

당장 정리하려고 서울로 올라갔지요. 학교 정문 앞에서 최창무 원장신부님과 딱 마주쳤어요. "어쩐 일이야?" 몰골 보고 모르셨겠어요? 다 아시지.

"신부님 뵈러 왔는데요"

"아, 내가 오늘 바쁘거든"

"3분이면 되거든요"

"글쎄, 내일 10시까지 와!" 하시고는 휙 가버리시는 거예요.

부원장이신 이기명 신부님을 찾아갔어요. "기도를 해도 기도의 기쁨을 느낄 수 없고, 하느님의 사랑을 한번도 느낀 적도 없는데 어떻게 신부가 될 수 있겠습니까? 못하겠습니다" 말씀드렸더니 그것은 이유가 안된대요.

"부모님하고도 상의했으니까 새 출발 하겠습니다" 하고는 나와버렸어요.

운동장 중간쯤 오는데 신부님이 나를 막 부르세요. "성당 가서 한 번만 더 생각해" 하시는 거예요. 그래서 '그건 해드릴 수 있다'고 신학교 성당에 들어갔지요. '내일 원장신부님 만나서 어떻게 얘기해야 빨리 허락해줄까, 그것을 구상하자' 순전히 그 생각으로.

그런데 그 순간 아주 어렸을 때부터 내가 살아온 삶이 필름처럼, 파노라마처럼 막 돌아가는 거예요. 4시간이 어떻게 갔는지도 모르게 훌쩍 지나갔어요. 어느 순간 마음이 편안해져서 '아니, 내가 왜 이러지? 이런 것이 기도인가?' 그때 처음 기도의 기쁨을 느껴본 거예요.

어릴 때부터 아침, 저녁기도 해야 되고 일요일에 교회 가야 되고… 완전히 율법 안에 살다가 아버지가 "새 출발 하자" 그랬을 때 내가 그 율법의 노예에서 해방됐던 거예요.

‘아! 이 고통이 하느님이 내게 주신 은총이었구나! 이것을 받아들이자’ 생각하니 학교를 그만두어서는 안될 것 같은 갈등이 시작되었지요.

다음 날 원장신부님을 만났는데, ‘이 녀석은 틀렸구나’ 생각하시는 것 같아요. 그만두겠다면 금방 허락하실 것 같았죠.

그래서 그 말은 않고 “제가 지금까지 살아온 이야기를 말씀드리겠습니다. 원장신부님 판단대로 따르겠습니다” 하고는 그 전날 4시간 동안 필름처럼 돌아간 이야기와 성당에서 기도의 기쁨을 처음 느낀 것까지 다 얘기를 했어요. 그랬더니 부제품은 보류하고, 1년 더 살아보고 결정하자고 하시더라고요.

집으로 돌아와서 부모님께 그간의 정황을 말씀드렸더니, 아버지는 “그래, 나는 네가 방학하고 나서 뭔지는 모르지만 큰 고민에 빠진 모습을 보면서 네가 그것을 이겨내면 사제가 될 것이고 그렇지 못하면 사제가 될 자격이 없다고 생각했다. 어쨌든 잘 극복했으니 좋은 사제가 됐으면 좋겠다”고 하시면서 할머니 이야기를 처음으로 들려주셨어요.

동네에 거지가 오면 할머니는 언제나 집에 데려다 밥을 주고 재워서 보냈기 때문에 커다란 방에서 자주 거지와 함께 잤던 기억이 있대요. 아버지는 그렇게 사시던 할머니가 천국에서 언제

나 우리 가족을 위해 기도하고 계시다고 믿었어요.

그러한 믿음 때문에 제가 신학교에 간다고 했을 때 적극적으로 반대할 수 없었다는 말씀을 하셨지요.

그래도 가슴속에 뭔가 아쉬움이 있었어요. 처음에 저에게 다가온 고통을 하느님께서 주시는 시련이라 생각했지요. 그러다가 기도의 기쁨을 체험하면서 고통을 하느님의 은총으로 받아들였습니다. 그런데 고통을 은총으로 받아들였으면 아무 문제가 없어야 하는데 가슴 한구석의 아쉬움은 무엇일까 그 이유를 찾고 싶었어요.

마침 사순절이 시작될 무렵이라서 이렇게 기도했습니다. 솔직히 말하면 이것은 기도가 아니라 하느님에 대한 도전이었죠.

'내가 부활 때까지 40일 동안 매일 두 시간씩 기도하겠다. 담배도 끊고 술도 안 마시고 외출도 않겠다. 그러니 부활 때까지 내 가슴속의 아쉬움이 도대체 무엇인지 알려달라. 그리고 당신의 사랑을 느끼게 해달라. 부활 때까지 그것을 찾지 못하면 새 길을 가겠다' 이렇게 하느님께 떠넘겼죠.

원장신부님이 부제품은 미뤘지만 부제품 피정에는 초대해주셨어요. 피정 마지막 순간 참회예절에서 보통은 개별고백을 하는데 나는 내 죄를 다 공개고백해버렸어요. 주례신부부터 온통 울음바다가 됐어요. 내 죄가 다 저희들 죄지 뭐예요. 신학교생활이 뻔하잖아요. 울고 났더니 얼마나 속이 시원하던지….

그렇다고 문제가 해결된 것은 아니었습니다. 그래서 사순시기 내내 하느님과 한 약속을 철저히 지키며 하느님의 소리를 기다렸어요. 부활이 다가올수록 마음은 초조해지고 결단의 순간은 다가오고….

부활절을 맞이했지만 아무런 응답을 받지 못했어요. 그래서 어디서부터 잘못된 건지를 처음부터 다시 되돌아보기 위해서 부활절날 배낭을 꾸려서 치악산으로 떠났습니다.

청량리역에서 기차를 타고 자리에 앉은 순간 이런 생각이 내 머리를 딱 스쳤어요. '고통을 은총이라고 받아들이냐 아니냐 하는 주체는 나다. 하느님이 그런 은총을 주셨어도 내가 받아들이지 못하면 은총이 아니다'

그동안 그렇게 생각해왔는데 그렇다면 은총도 내 생각에 따라 은총이 되기도 하고 안되기도 하는 거잖아요? 이렇게 내 위주로 고통을 은총이라고 받아들인 것은 머리로, 논리로, 철학적 사고체계로만 받아들인 거죠.

'은총은 하느님이 주시는 것이다. 은총의 주체는 바로 하느님인데 그동안 왜 내가 주체인 것처럼 생각했을까?' 하는 의문이 생기면서 주체가 나로부터 완전히 하느님으로 바뀌었어요.

그렇게 생각의 흐름이 바뀌니까 '내가 뭔데, 내가 무슨 자격으로 하느님한테 당신의 사랑을 보여주지 않으면 신학교 그만두겠다고 겁을 줬을까?' 이런 부끄럼이 생기는 거예요.

'야, 그런 되지도 않는 요구를 하는 버릇없고 보잘것없는 나한테도, 이렇게 답을 주시는구나!'

부활절날 하느님 사랑을 온몸으로 느낀 겁니다. 막 소름이 끼치고 너무 사랑스러운 거예요. 바오로 사도가 "이제 내가 사는 것이 아니라 그리스도가 내 안에 사신다" 그러셨지요. 내가 그 순간 완전히 그걸 느꼈어요.

기분 좋게 산행을 마치고는 영성지도를 해주셨던 이한택 신부님을 찾아가 그간의 경과를 쭉 말씀드렸더니 "바로 그거야!" 하시며 기뻐하셨어요.

"저 기분 나쁩니다. 다 알고 계시면서 왜 진작 말씀해주지 않으셨습니까?" 그랬더니 신부님이 "그것이 얘기한다고 되냐? 스스로 느껴야지!" 그러시면서 코냑 한 잔을 주시더라고요. 그날 코냑을 처음 마셨어요.

그리고 일주일이 지났는데 원장신부님이 부르셔요. 부제품을 받으래요. 그래서 우리 시골 본당에서 부제품을 혼자 받았어요.
그때의 체험이 지금의 나를 있게 한 근본바탕이에요.

왕따 교목의 외침

사제서품을 받고 보좌신부로 1년 반 있다가 부여에서 좀 시골로 들어간 홍산 성당에서 몇 년 동안 주임신부생활을 했습니다. 너무 가난한 성당이라 주일헌금이 딱 만 원 나오더라고요.

그 돈으로는 어떻게 해볼 도리가 없어서 신자들에게 "우리 주일헌금을 만 5천 원으로 합시다" 그랬더니 어떻게 50퍼센트를 금방 올리느냐고 막 그래요.

아주 시골이라 평일에는 성당에 찾아오는 사람도 없고요, 낮이면 시골 꼬맹이들이 손잡고 놀러와요. 사제관에 데리고 와서 먹을 것도 주고 얼굴도 씻겨주고 했더니 재미를 붙였는지 밥만

먹으면 놀러오는 겁니다. 말도 제대로 못하는 꼬맹이가 '신부님' 발음도 안되어 "미부님, 미부님" 그러면서 말이죠.

어느 날 한 아이 집에서 나를 식사에 초대했어요. 알고 봤더니 아버지가 학교선생님이에요. 답례로 그 선생님을 사제관에 초대했더니 다른 선생님 몇 명하고 같이 왔어요. 옛날에는 선생님들이 시골로 발령이 나면 다 하숙하며 지냈잖아요.

그러니 저녁이 되면 갈 데도 마땅찮고 신부도 알았겠다, 사제관이 그 뒤부터 선생님들 아지트가 됐어요.

하루는 어느 선생님이 교리를 가르쳐달라는 거예요. "이 인원으로는 안되고 선생님 열 분을 모아오시면 해드리겠습니다" 그랬더니 며칠 후에 진짜로 선생님 10명과 부인들 10명까지 해서 20명이 왔어요. 그분들이 영세하고 주일헌금을 내니까 4만 5천 원이 되더라고요. 만 5천 원으로 어떻게 올리냐고들 했는데 말입니다.

그렇게 잘 지내다가 85년에 논산 대건중고등학교 교목으로 발령이 났어요. 그때 제 나이 서른넷이었습니다. 사실 제가 어릴 적부터 선생님이 되고 싶었고, 어디 가든 한곳에 오래 있었으면 했는데 '학교가면 오래 있을 수 있겠구나' 하는 생각을 했지요.

보통 신부들은 4, 5년마다 이 성당에서 다른 성당으로 이동을 하게 되는데 나는 처음부터 그게 마음에 안 들었어요. 평생 한곳에 있어야 그 한곳이라도 일관성 있게 변화시킬 텐데 겨우 4, 5년 있다가 옮긴다는 것은 내 스타일과는 좀 안 맞는다고 생각했지요.

그때 학교로 가면서 '내가 여기에 평생 있을 수도 있겠구나' 하고 기뻐했지요. 당시 나를 학교로 보내신 주교님도 "학교에서 뼈 묻을 생각을 해라" 그러셨고요.

처음에 종교수업을 했는데 애들이 아주 재미없어하길래 서양철학사, 동양철학사를 가르치면서 아이들이 자연스럽게 종교를 받아들일 수 있는 마음만 심어주었지요. 수업종이 울리면 바로 수업에 들어가지 않고 10여 분 정도 명상을 시켰어요. 그러면 어떤 애들은 잠을 자기도 하고.

철학을 강의하고 나서 서로 토론식으로 애기를 나누게 했지요. 종교는 중간고사도 안 보니까 편안하게 가르쳤어요. 아이들도 편안하게 공부했고요.

가톨릭학교인데도 완전히 일반 인문계학교처럼 입시중심교육을 하고 있더라고요. 그러니 어쩌다 서울대 하나 연·고대 하나 들어가고 잘해야 충남대 들어가고 그랬었죠.

내가 처음 학교에 발령받아 갔더니 교사들이 나를 가톨릭재단에서 감독하러 온 사람으로 보더라고요. 거부반응이 상당히 강했어요. 나중에 보니 이유가 있었더라고요.

전임 교목신부가 학교에 상주하지 않고 성당과 학교를 왔다 갔다하며 근무했는데 그 무렵 선생님들에게 무슨 비리가 있었나 봐요. 그런 비리를 신부가 캐기 시작하니까 선생님들이 위기의식을 느꼈는지 역으로 그 신부를 불성실하게 근무한다며 교육청에 고발한 거예요.

그 신부는 성당에 있으면서 시간 되면 와서 강의만 하고 가니까 학교에서는 불성실한 셈이 되는 거잖아요? 그러니까 '신부가 제대로 수업도 않고 근무시간도 잘 지키지 않는다. 재단에 문제가 있다' 하고 고발을 해서 갑자기 교육청에서 감사가 내려왔어요.

교육청사람이 학교에 와서는 맨 먼저 신발장부터 보더래요. 당연히 신부가 없잖아요. 성당일 하면서 수업을 하니까.

결국 교육청에서 그 신부를 징계했고, 그런 문제를 해결해보기 위해 재단이사장인 주교님이 나를 파견했던 거예요. 나는 그런 사정을 전혀 모르고 왔는데….

정상근무도 근무지만 주교님은 내게 가톨릭학교로서의 정체성을 찾아주도록 원하셨어요. 그런저런 이유로 나에 대한 선생님들의 시선이 좋을 리가 없었던 거죠.

첫날 나를 환영하는 식사자리에서 내가 "나는 학교에 대해서 아는 게 없다. 많이 알려주고 지도해주면 아주 열심히 한번 해보겠다"라고 했는데 선생님들 반응이 이상해요. "지가 알아서 뭐하려고 그래?" 그 말을 내가 직접 들었어요. '야, 내가 이상한 곳에 와있구나!'

가톨릭학교가 왜 이렇게 됐을까? 마음의 준비를 단단히 했지요. '사제이기 전에 교사이고, 교사 이전에 인간이니까 내가 하나의 인간으로, 교사로 이 현실과 만나야지, 재단이사장 대리나 감독자나 사제로서 접근하면 안되겠구나!' 하고요.

출근했는데 교무실에 내 책상이 없어요. 교목실에 가서 근무하래요. "교목실은 상담하는 데 활용하고 나는 교무실에서 선생님들과 같이 지내고 싶다"고 했더니 고등학교 교무실은 자리가 부족하니까 정 그러면 중학교 교무실로 가래요. 나는 고등학교로 발령났는데.

"그러면 중학교 교무실에 자리를 해달라" 부탁했지요. 중학교 교무실에서 한두 달 근무하다가 고등학교 교무실 넓이를 계산해보니까 한 자리는 너끈히 나오겠더라고요. 자리배치도를 그려서 교감선생님께 드렸어요. "이렇게 배치하면 한 자리 나온다. 내가 고등학교 교사로 왔으니 여기서 근무해야 되겠다”
하고 밀고 들어왔죠. 밀고 들어왔는데 내 자리가 완전히 교무실
출입문 바로 앞, 강사 자리 옆이에요. 교목인 나를 완전히 뜨내
기 취급하는 거지요. 순간적으로 화도 났지만 ‘그래 시간이 지
나면…’ 그런 마음으로 시작을 했지요.

학교에 인성교육이라고는 찾아볼 수가 없어요. 내가 맡은 종
교부만 클럽활동을 하고 다른 부는 다 클럽활동시간에 교실에
서 공부하는 거예요. 학교에서는 클럽활동시간을 없애고 싶은
데 나 때문에 없애지를 못했던 거죠.

처음에 내가 “가톨릭 신자 아이들은 전부 종교부로 보내달
라”고 해서 한 50명쯤 왔는데, 대부분 공부도 못하고 왠지 무녀
리들만 온 것 같아 참 이상하다 했어요. 여기 가톨릭 신자 애들
은 왜 다 이럴까? 나중에 알고 보니까, 신자 중에도 공부 좀 하
는 애들은 다 빼내고 남은 애들만 종교부로 보냈더라고요.

위에서 그런 장난을 치니까 그전 신부들이 모두 1, 2년도 못
견디고 떠났던 거예요. 그 당시 교장, 교감선생님도 ‘저 친구도
1, 2년 하다가 떠나겠지’ 생각했을 거예요.

나는 생각이 달랐지요. 그다음 해에는 미리미리 준비하고 조
사를 다 했어요. 거의 100여 명이 되는 가톨릭 신자 아이들을

데리고 중창부, 편집부, 성극부, 전례부, 성시부 5개의 소그룹
으로 나눠서 클럽활동을 제대로 했지요.

　교무실에서 아무도 나한테 말 거는 사람이 없었어요. 완전히
왕따예요. 나하고 친하게 지내면 위에서 어떤 불이익을 주었나
봐요. 아예 나한테 접근을 안했어요.

　그런데 가만히 보니까 나보다 1년 먼저 그 학교에 오신 미술
과목 선생님이 여유가 있고 시간도 좀 있어 보이더라고요. 입시
중심으로 교육하니까 미술과목도 별 환영을 못 받는 것 같았어
요. 왕따끼리 잘 됐지요 뭐. "일 좀 같이하자" 했더니 그 선생
님도 좋아하더라고요.

　이분이 기타도 잘 치고 아주 다재다능한 분이에요. 종교부,
중창부를 맡기고 논산지구 학생회의 지도교사도 맡겼지요.

아브라함 수법 축제

서클활동이 제대로 되려면 1년에 한 번씩은 자기들이 활동한 것을 표현하게 하는 장이 필요해요. 종교부가 발표회를 해야겠다고 했더니 아이들 공부해야 되는데 발표회 한다고 선생님들은 다들 반대하고 싫어하는 분위기예요.

교장선생님한테 가서 "종교부 아이들에게 하루 저녁시간만 따로 내달라. 우리끼리 발표회를 하겠다"고 했지요. 종교부만 하겠다는데 반대할 수가 없잖아요.

한 일주일쯤 지나서 다시 교장선생님을 찾아갔지요. "이왕 하는 종교부 발표회니까 주교님도 모시고 미사도 해야 되겠습니다” 했더니 “아! 주교님이요? 그럼 언제 오세요?” 하고 물어요. 가톨릭학교니까 주교님이 재단이사장이잖아요. “오후쯤 오셔서 미사하고 식사하고 발표하는 것 보시라고 말씀드리겠다”고 했지요.

주교님께 전화를 해서 사정 말씀을 드렸더니 나 하자는 대로 하시겠다고 해요. 주교님도 나를 보내놨으니 관심은 보여주셔야 되잖아요. 주교님이 “내가 몇 시에 가면 좋은가?” 물으셔서 오전 10시에 오시라고 했죠.

그리고는 교장선생님한테 달려갔지요. “어떡하죠? 주교님이 10시에 오시겠답니다” 그러니까 교장이 “그러면 그날 수업 못 하겠네요!” 그렇게 하루를 얻었어요.

그게 ‘아브라함 수법’이거든요. 아브라함이 하느님께 ‘소돔과 고모라’를 의인 쉰 명만 있어도 파멸시키지 않겠다는 약속을 받아내고 마흔 명, 스무 명, 열 명으로 조금씩 줄여가잖아요.

교장선생님한테 찾아가서 “우리 종교부 애들 축제해야 하니까 하루만 수업 빼주십시오” 그랬으면 허락하셨겠어요? 거기서 끝내지 않고 가을소풍을 발표회 다음날에 붙이고 해마다 하는 체육대회도 그때 하자고 부탁해서 사흘 축제가 됐습니다.

주교님 모셔다가 오전에 미사하고 점심 먹고, 오후부터 축제를 했어요. 그렇게 해서 내가 오고 3년째 되는 해인 1987년 가을에 제1회 대건학교축제가 시작된 거예요.

축제를 처음으로 하는데 아무도 안 도와줘요. 미술선생님과 몇 사람만 도와주고 나머지는 뒤에서 '너 어디 한번 해봐라!' 이런 식이에요. 애들 공부시켜야 되는데 걱정이 컸겠지요. 나중에 들어보니까 선생님들이 '교목신부가 완전히 학교 망치려고 왔구나!' 그렇게 생각했대요.

그때 종교부 예산이 1년에 15만 원밖에 안됐어요. 학교에서 도와주지 않으니까 애들 축제비용을 내 주머니에서 써야 했지요.

아이들은 잘하고 싶은데 뒷받침이 안되니까 잘할 수가 없죠. 아이들은 TV에 나오는 것처럼 해보려고 열심히 하는데 잘 안되니까 발표회 끝나고 나면 막 울어요. "멋있게 보여주고 싶었는데…" 하면서. 그러면 내가 "있는 그대로의 모습이 아름답지, 잘하는 것은 바라지 않는다"고 다독여주지요.

첫 공연할 때 아이들한테 이런 말을 했어요. "지금은 1회지만 50회 발표회를 상상해봐라. 너네들이 할아버지가 되어서 아들, 손자까지 이 자리에 쫙 있다고 생각해봐라. 그렇게 50년이면 하나의 문화가 탄생된다" 그런 역사의식이 생기면 어떤 일을 할 때 아이들의 자세가 달라집니다.

4, 5년 전부터는 졸업한 선배들이 돈을 걷어서 매년 시민회관을 빌려 중창발표회를 하고 있어요. 그때 700명이 옵니다. 학생들 친구, 가족들 그리고 졸업한 선배들이 서울에서 부인과 애들까지 데리고 옵니다. 놀랍지요? 50회가 되면 아마 그 강당 가지고는 안될 거예요. 문화는 그렇게 탄생되는 거죠.

대학 가서도 우리 학교 아이들은 정말 잘한다는 말을 듣습니다. 축제를 하면서 직접 기획도 하고 실제로 일들을 해봐서 그렇지요. 다른 학교 아이들은 그런 경험이 부족하잖아요.

그렇게 해서 1987년도부터 시작한 축제가 지금까지 계속되고 있어요. 중창단 발표회가 지금까지 이어지고, 편집부에서는 매년 교지를 만들고 있고요.

동아리활동을 하면 그 활동한 것에 대해서 자기표현을 해야 돼요. 자기표현을 하면 아이들이 성취감이 생기잖아요. 그리고 발표회를 해야 동아리가 활성화돼요.

중·고등학교축제는 자기가 살아온 삶을 다양한 방법으로 표현할 수 있는 장을 만들어주는 거예요. 평소에는 아이들이 자기를 드러내지 않는데 축제를 통해서 다양한 방법으로 자기를 표현할 때, 선생님과 아이들 사이에, 친구와 친구 간에 서로 이해의 폭이 넓어지는 거예요.

다른 학교들도 축제를 하긴 하는데 유명한 사람 불러서 보여주는 하나의 이벤트로 하죠. 그것은 문제가 있어요.

축제는 아이들이 살아왔던 삶이 표현돼서 뭔가 모아지고 소통하는 마음이 생겨야 하는데, 외부에서 가수가 오면 그것만 부각돼서 아이들의 축제라는 정체성은 없어져 버리거든요. 그렇기 때문에 우리 학교는 아이들 스스로 있는 그대로 표현하게 놔둡니다.

학교 축제들이 아주 정리정돈이 잘 되어 있고 질서정연해 보이지만 내부적으로 들여다보면 선생님들 아이디어와 아이들 아이디어가 그냥 부품처럼 접목된 거예요. 보기는 좋지만 축제의 본래 의미를 상실한 것이라고 나는 생각을 했어요.

우리 학교 축제는 무질서하게 보이지만 아이들 스스로 자기를 표현하는 장으로 만듭니다. 선생님들에게도 "절대 간섭하지 마라. 내버려둬라. 아이들이 도와달라는 것만 도와줘라. 죽이 되든 밥이 되든 내버려둬라" 그렇게 말해요.

그렇게 십수 년을 했더니 이제는 우리 아이들이 노하우가 생겨서 선생님들이 거의 관여하지 않아도 아주 질서정연하고 프로그램 진행도 놀라울 정도로 잘해요. 아이들한테 자율권을 줬기 때문에 그게 축적되고 축적돼서 그렇게 발전이 되는 거예요.

초창기에는 종교부 아이들이 활동해온 것을 표현하는 장이었지만 지금은 학교 전체 축제로 확산되었어요. 일부 아이들만 중심이 되는 것이 아니라 모두가 함께하는 축제, 자기 삶을 서로 나누는 축제여야 돼요. 그게 축제의 본질이에요.

아이들은 당연히 좋아하죠. 청소년 시기는 누구나 다 튀고 싶어하고 자기를 드러내놓고 싶어해요. 그래서 자기들이 살아온 삶을 있는 그대로 표현하는 장을 만들어주면 되지요.

튀면 튀는 대로 '아, 저 아이에게 저런 부분이 있었구나' 지켜보면서 선생님도 아이들을 평소에 봤던 시각과 다르게 볼 수 있는 거예요. '아, 저 아이가 저런 재능이 있구나. 평소에는 내성적인 아이로 보였는데 실제로는 저렇구나' 그러면서 아이들을 이해하는 폭이 넓어지는 겁니다.

공부는 못하지만 다른 쪽으로 재능 있는 아이들은 축제를 통해서 자신감이 붙게 돼요. 아이들한테 인정받게 되면 자신감이 생겨서 학교생활도 적극적으로 하고요. 이런 것들이 축제를 통해서 이루어지기 때문에 축제 한번 하고 나면 아이들끼리 상당히 가까워지고 학급단위로, 동아리단위로 일체감을 갖게 돼요.

이렇게 축제는 아이들에게 정서적으로 대단히 중요한 역할을 하는 거예요.

우리 학교는 학생 모두가 동아리활동을 하기 때문에 어떤 모습으로든 동아리 발표회를 해야 돼요. 축제날에 발표하는 동아리도 있지만 1년 동안 활동했던 것을 사진이나 자료를 통해 전시하는 동아리도 있지요.

노래, 춤, 운동 같은 튀는 동아리가 있는가 하면 정서적인 동아리도 있고요. 편집부는 1년에 한 번씩 교지를 만들어내고, 등산부는 등산사진, 등산장비도 전시하고, 퀴즈동아리는 퀴즈대회를 개최해서 거기에 아이들이 참여하게 하고, 도서부는 책 쌓기 대회를 해서 입상한 아이들에게 문화상품권을 주는 이벤트를 해요.

어떤 방법으로든 간에 자기들이 활동한 내용들이 표현되는 거죠. 이렇게 아이들 모두가 다양한 방법으로 축제에 참여할 수 있게 되지요.

학교비리 투서가 들어오다

교목으로 일한 지 3년째 됐을 때, 한 기간제 임시교사가 떠나면서 편지를 보냈어요.

어느 날 서점주인이 월간잡지를 하나 주더래요. 별 부담없이 받아가지고 집에 가서 보니까 그 안에 30만 원 봉투가 들어 있더래요. 참고서 채택료지요. 그 당시 30만 원이면 큰돈이에요.

이 임시교사가 놀라서 선배 선생님한테 돈 돌려줘야 하지 않느냐고 하니까 그냥 쓰라고 그러더래요. 결국 자기가 그냥 썼는데 아무래도 양심에 걸렸던 것 같아요.

자기는 가톨릭학교는 다른 줄 알았는데 실망했다고 신부인

내게 고백하는 내용이에요. 그때 내가 채택료라는 것을 처음으로 알았어요. '야, 그런 게 있구나'

그즈음에 한 아이가 나를 찾아와 "선생님이 이 문제지를 사래요" "왜 문제집이 어떤데? 괜찮으니까 선생님이 사라고 했겠지" 했더니 "이 과목은 객관식에서 주관식으로 바뀌고 있는데 이 책은 5년 전에 나온 책이라 객관식 문제만 있거든요" 하면서 "이건 채택료가 오십 퍼센트예요" 하는 거예요. 깜짝 놀랐어요. 아이들까지 다 알고 있는 거예요.

서점주인을 불렀어요. "여긴 가톨릭학교다. 가톨릭학교만큼은 윤리적으로 깨끗한 학교가 되어야 하지 않겠느냐? 앞으로는 채택료가 없었으면 좋겠다" 그랬더니 그 주인이 막 웃어요.

"신부님 저는요, 장사꾼이에요" 다른 서점은 다 그런 식으로 파는데, 자기만 그렇게 안하면 장사 그만두라는 얘기밖에 안된다는 거죠. '그런 윤리는 선생님한테 요구해야지 왜 장사꾼한테 요구하느냐?' 하는 말로 들리더라고요.

그 당시에는 증거가 있는 것도 아니고 교목인 내가 어떻게 할 수도 없어서 그냥 묻어두었다가 제가 교장이 되고 나서 확 바꿨어요.

선생님이 진실하게 마음을 열어야 아이들도 마음을 열거든요.

교사가 아이들로부터 권위를 인정받으면 애들끼리 무슨 문제가 생겨도 교사를 찾아옵니다.

교사와 학생 간에 신뢰가 생긴 후 학습방법을 개선하면 학력은 반드시 올라갑니다. 아이들 학력을 높이기 위해 10년 전부터 참고서 대신 파일식 교육으로 바꾸게 했어요.

선생님들에게 "단원마다 성취도를 평가할 수 있는 문제들을 인쇄물로 만들어서 나누어주자. 거기에 필요한 참고서는 내가 다 사주겠다"고 했지요. 그렇게 파일식 교육을 하면 참고서를 안 써도 되잖아요.

판서할 내용을 미리 파일로 만들어 아이들한테 나눠주면 시간이 절약되니까 토론수업도 할 수 있지요. 아이들은 파일 여백에 필기하면 되고요. 한 시간 수업이라도 아주 알참니다.

그런데 이 파일식 수업을 하려면 선생님들이 많은 준비를 해야 합니다. 제가 교장 되고 나서 선생님들에게 맨 먼저 한 말이 "우리 공부합시다!"였어요. 그러면서 "나도 함께 공부하겠다!"고 했지요.

교장실에 칸을 만들어 선생님들 이름 다 써주고는 수업 들어갈 때 그날 파일 자료를 자기 칸에 꽂아달라고 부탁했어요. 교장이 그 자료 가지고 공부한다는데 선생님들이 적당히 할 수 없잖아요. 더 공부해야 하지요.

가르칠 자료가 확보되니까 선생님들 얼굴빛이 달라지더군요. 자신감이 생긴 거죠. 물론 선생님들은 거기에 불만이 있지만 올바른 일이니까, 내색할 수 없었겠지요.

내가 교장 되기 전에는 선생님들이 기회만 있으면 대도시로 가려고 했어요. 그런데 내가 교장이 되고 학교운영을 엄격하게 했는데도 오히려 다른 학교로 떠나는 선생님들이 많지 않았어요. 왜냐하면 1년, 2년, 3년 세월이 지나면서 선생님들이 '신부님이 우리를 감독하기 위해서 학교에 온 것이 아니구나' 하는 것을 조금씩 느끼고 나한테 마음의 문을 열기 시작한 거예요.

내가 오기 전에는, 교장은 힘이 없고 그 학교에 오래 근무했던 어느 간부 선생님 중심으로 똘똘 뭉쳐있었어요. 그 선생님은 카리스마가 있고 워낙 힘이 세니까 교사들이 꼼짝 못하고 웅크리고 있더라고요. 교직원 인사를 할 때 항상 교목신부 의견을 물으라고 주교님이 교장에게 지시하는데도 그 선생님 중심으로 흘러갔어요. 교사채용비리 소문도 있었고요.

어느 날, 교목인 내게 그 선생님에 관한 투서가 들어왔어요. 참고서 채택료, 교사채용비리, 생일이나 명절 때 봉투와 선물이 간다는 내용들이 나열되어 있더라고요.

그 선생님을 불렀어요. "이런 투서가 들어왔는데 어디까지가 진실인지 나한테 솔직히 얘기해달라" 처음에는 아니라고 막 펄펄 뛰기에 "일주일 시간 드릴 테니까 솔직히 얘기하면 용서하겠다"고 했더니 일주일 후에 거의 다 인정하더라고요.

"좋다. 앞으로 다시는 이런 일 하지 않겠다는 약속을 하십시오" 다짐을 받고 용서해줬어요.

그랬더니 투서를 낸 사람들이 "어떻게 그런 사람을 용서해줄 수 있느냐?" 따져요. "그 사람을 치기를 바라느냐? 사람은 누구나 크고 작은 차이는 있지만 잘못하게 되어 있는데 잘못할 때마다 치면 그다음은 당신들 차례가 될 것 아니냐! 나는 선생님들을 치러온 게 아니다. 사제는 누가 잘못하면 어떤 방법으로 용서해줄까를 생각한다. 그래서 용서해줬다"

그때 분위기가 확 반전이 됐어요. 내가 감독관으로 온 게 아니고 정말 학교발전을 위해서 왔구나! 하는 느낌을 선생님들이 강하게 받았던 것 같아요. 그 선생님도 조금씩 자중하기 시작했고요.

그 뒤에도 크게 부딪친 적이 한 번 더 있었어요. 선생님들에게 교리도 가르치고 싶고 또 성서공부도 시키고 싶은데 도저히 시간이 안 나는 거예요. 그때는 등사기로 밀어서 시험문제를 내고 시험 본 다음에 손으로 채점하느라 선생님들이 시험철만 되면 파김치가 되더라고요. 우선 선생님들에게 시간을 만들어주어야겠다고 생각했어요. 그래서 그 해 겨울방학, 서울에 가서 컴퓨터를 배웠어요. 1985년 겨울에 카드 리더기를 사서 컴퓨터로 채점하는데 7백만 원이 들더라고요. 그 당시 7백만 원이면 지금 7천만 원보다 더 많은 거금이지요. 교장선생님을 설득해서 교무부장이 그 일을 추진하기로 했어요.

"내가 이만큼 시간을 벌어줬으니까 일주일에 한 시간씩 시간을 달라" 해서 선생님들에게 성서를 가르칠 계획을 세웠는데 한참 지나도 이게 진행이 안되는 거예요. 교장실에 들어가서 "그게 왜 진행이 안되죠?"라고 물었더니 그 간부 선생님이 반대해 진행을 못하고 있다는 거예요.

그래서 그 선생님을 불렀어요. "문제가 있으면 저하고 상의를 해야지 왜 그냥 무턱대고 반대만 하십니까?" 그랬더니 그 선생님이 "내가 왜 신부님하고 상의합니까? 실무자가 있는데" 그러시는 거예요.

내가 "직접 얘기할 수도 있지 꼭 실무자를 통해서 얘기해야 합니까?" 했더니 "그렇게 오해하시면 나 얘기 못하겠다"고 하는 겁니다. 막 화가 났지요. "얘기를 못해요? 그러면 제가 그만두든가 선생님이 그만두든가 둘 중 하나가 그만둬야겠네요" 하고 교장실을 나와버렸어요.

교장실 바로 옆이 교무실인데 건물이 아주 허름해서 다 들려요. 선생님들 보기 창피해서 그냥 집으로 와버렸어요. 그날이 아마 토요일인가 그랬을 거예요. 다음날 등산 갔던 선생님들 한 그룹이 맥주 한 박스 사들고 나를 위로해주려고 우리 집을 찾아왔어요.

맥주를 마시고 있는데 초인종이 딩동딩동 울리더라고요. 그 선생님이 나름대로 미안했던지 사과하러 오신 거였어요. 다른 선생님들은 혼비백산이 돼서 다 도망갔지요.

내가 "나는 목소리가 작고 선생님은 목소리가 크니까 중간에 끼어들지 말고 끝까지 얘기를 들을 마음이 있으면 계시고 그렇지 않으면 가세요" 했더니 듣겠대요. 지금까지의 일을 죽 설명했어요. 내가 이 학교 오는 날 "지가 알아서 뭐 할라고 그래" 그 이야기부터 했어요.

"이게 무슨 가톨릭학교입니까? 인성교육이 제대로 되는 것도 아니고. 내가 동아리 활동하고 축제할 때도 하나도 도와주지 않고, 도대체 어떻게 이럴 수가 있습니까? 나는 이번 일로 정말 내가 떠나든가 선생님을 내보낼 생각이었다" 심각하게 얘기를 했어요.

그랬더니 울면서 용서해달래요, 그 덩치 큰 사람이. "좋다. 서로 없었던 일로 하자" 그러면서 나도 반성을 했어요. '내가 그 아이디어를 그 선생님에게 주어 그 선생님이 추진하게 했으면 선생님들 앞에서 그 선생님 권위도 올라갔을 텐데, 그걸 미처 생각 못했구나' 자책했어요. 교장이 직접 교무부장에게 실무지시를 하니까 자기는 소외됐다고 느꼈나 봐요. 그러니까 사사건건 반대하고 서로 부딪쳤던 거지요.

그런 과정을 거쳐서 대건고가 전국에서 처음으로 컴퓨터채점을 시작한 겁니다. 컴퓨터채점은 그때 대학에도 없었어요. 그 선생님도 조금씩 바뀌었지요.

그 뒤에 교장이 정년이 되어서 교목인 내가 새 교장을 추천해야 할 입장에 놓였어요. 주위에서는 그 간부 선생님을 교장으로 추천하면 안된다는 거예요. 권위적이고 여러 가지 비리도 있으니까.

그때 고민을 많이 했어요. 그래도 2인자인 그 선생님이 교장 되는 게 순리이고 회개도 했으니까 괜찮을 거란 생각에 그 선생님을 추천했죠. 그런데 그 선생님이 교장으로 발령나고 일주일 후에 뇌졸중으로 쓰러졌어요. 고혈압이 좀 있었던가 봐요.

그때 '야, 내가 만약 그분을 교장 안 시키고 다른 데서 교장을 모셔왔다면 나 때문에 뇌졸중으로 쓰러졌다고 다들 그렇게 말할뻔했구나!'

그래서 '순간순간 무엇을 판단한다는 게 정말 어려운 거구나. 내 감정에 치우쳐서, 또 내 주관적인 판단만 가지고 어떤 결정을 한다면 그 결과가 정말 엄청난 파장이 일어날 수 있겠구나' 생각하며 순리를 지키는 것이 얼마나 중요한 일인지 그때 마음 깊이 깨달았지요.

교육부도 놀란 시골학교

백억 사기꾼도 믿어줬더니

제가 뭘 치밀하게 계획해서 사는 사람은 아니에요. 하느님 뜻에 맡기면 제가 바란 것보다 훨씬 좋게 되어있음을 느끼곤 하지요.

29세에 사제가 되면서 40세가 될 때까지는 나서지 말자고 맘을 먹었어요. 자아를 드러내지 않고 일할 자신이 없었거든요. 그러나 40세가 되면 제 자아가 드러나 보이든 말든 주어진 일을 열심히 해야겠다는 맘으로 30대에 기도를 많이 했어요. 그래서 40을 기다리며 살았지요.

1년간 침묵 속에서 나를 살펴보면서 40을 맞이하고 싶었는데 마침 주교님께서 4년 동안 유학할 기회를 주셨어요. 그렇지만 저는 '1년만 있다가 돌아와야지'라고 생각했지요. 학위 같은 데 엔 관심이 없었거든요. 그래서 후임신부한테 교목업무를 인수 인계 했지요.

그런데 새 교장하고 선생님들하고 티격태격 사이가 안 좋은 거예요. 유학도 중요하지만 학교가 걱정되잖아요. 그래서 선생 님 한 분에게 "대건출신 동문선생님들과 만나서 식사 좀 하고 싶다"고 했지요. 식당에 갔더니 교목신부님이 식사 초대한 건 처음이라고 대건학교 총동창회 간부들이 서울, 부산 등 전국에 서 다 모인 거예요. 황당했죠. 그렇다고 당신들 초대 안했다고 말할 수도 없잖아요.

유학 간다는 말은 꺼내지도 못하고 예정에 없던 연설을 하게 됐죠. "대건학교의 역사적 위상을 세우고 가톨릭학교로서 윤리 적으로 깨끗한 학교, 인성과 학력이 조화된 학교를 만들고 싶 다. 시설도 현대화하고 싶다"고 평소 생각을 말했어요.

막 박수를 치더니 다른 것에는 관심 없고 시설 현대화에만 관 심을 두더군요. 그 자리에서 학교 이전할 땅을 알아봐야 한다며 복덕방하는 동문을 찾고 건설회사도 알아보고 신부님을 도와줘 야 된다며 막 일을 벌이는 거예요. 큰일 났다 싶었죠.

그때 학교가 논산 시내 한복판 언덕에 있었는데, 너무 낡아서 교실 밑에서 찬바람이 술술 들어오고 부서지기 일보직전이었어요. 10년도 못 쓴다는 진단결과가 나왔지요.

그전에 주교님한테 학교를 옮겨야 되지 않겠냐고 말씀드렸을 때 그거 좋은 생각이라고 하셨거든요. 그래서 주교님을 찾아뵈었더니 "좋은 생각이라고 했지, 누가 이전하라고 했어? 대전가톨릭대학 짓기도 힘든데 대건학교 이전할 여력이 어디 있어. 안돼! 빨리 유학이나 준비해" 그러셔요.

당시 저는 교장도 아니고 일개 교목신부였잖아요. 더구나 주교님이 반대하시니 막막하지요. 그러나 구시가지 한복판의 사형선고 받은 시설에서 아이들 교육이 제대로 될 리가 없으니 고민이 되잖아요.

유학을 떠나야 하나 학교를 옮겨야 하나 고민하다가 서품 때 선택한 성구 "제 뜻이 아니라 아버지의 뜻이 이루어지게 하소서"가 떠올랐어요. 어려운 일을 당하거나 판단이 안 설 때면 이 성구를 떠올리며 제 뜻을 포기하곤 했지요. 그러고 나면 하느님께서 이루어주신 체험이 많거든요.

결국 유학 가려던 제 뜻을 포기하고 학교 이전하는 쪽을 선택했지요. 당시 아무도 학교이전을 믿지 않았지만 저는 제 계획을 포기하고 하느님께 맡겼기 때문에 그런 믿음이 있었습니다. 다시 대건학교 교목으로 복직했지요.

당시 존경하는 손만재 원로신부님이 계셨어요. 주교님하고 그 신부님하고 소신학교 때 같이 배웠던 허물없는 친구사이였어요. 그분께 도와달라고 했더니 주교님한테 허락 맡고 오래요. 주교님이 반대하는데 어떻게 허락을 맡느냐고 했더니 "그렇다면 나도 도와줄 일이 없네" 하셨죠.

그런데 얼마 뒤 주교님이 손 신부님 본당에 견진성사 주러 오셔서 손 신부님한테 "어떻게 교구청에 한 번도 안 와, 나한테 부탁할 것 없어?" 그러시더래요. 그 순간 제 생각이 딱 떠오르셨대요. "부탁하면 들어줄 거야?" "아, 다 들어주지" "그럼, 대건학교 좀 도와줘"

그렇게 해서 학교이전 허락을 받았는데 막상 이전할 땅이 없어요. 살만하다 싶으면 값이 올라가고… 마지막에 뒤는 완전 돌산이고, 앞은 수렁논인 땅을 3개월 만에 샀어요. 3평, 4평, 5평씩 지주가 120명이나 되었거든요. 저는 그냥 학교 땅 팔아서 새 땅 사고 새 건물 지으면 되는 줄 알았어요. 그런데 그렇게 간단한 일이 아니더라고요.

땅을 마련하고 구시가지 학교 땅을 내놓았더니 어느 대기업에서 평당 65만 원을 주겠다고 해서 계약하려고 했어요. 그런데 그즈음, 동창회 간부가 소개했다며 검정 승용차에 007가방을 든 사나이가 나타나 평당 100만 원이나 주겠다는 거예요. 교장, 서무과장, 동창회 간부가 있는 자리에서 "일류건설회사 끌어들여 학교 옮겨주고, 구시가지 학교부지에는 아파트를 짓겠다"면서 100억 잔고증명까지 보여줘요.

그를 믿자니 왠지 불안하고 그의 제의를 거절하자니 내가 이상한 사람이 되겠더라고요. 그래서 까다로운 조건을 달아서 계약을 했는데 그 다음날부터 이 사람이 그 계약서 들고 학교 땅을 더 높은 값에 팔러 다니는 거예요.

나만 만나면 에어컨 밑에서도 땀을 뻘뻘 흘리는 그 사람들이 수상했지만 '내가 아이들을 위해서 학교를 이전하는데 만나는 사람 모두를 사랑하자' 그런 마음을 갖고 있어서 그 사람들이 위험하다는 이야기가 수없이 들려와도 그 사람들한테 화 한번 안 내고 "나는 당신들 믿는다"고 했어요.

그러자 어느 날 그중 한 친구가 솔직히 고백하더군요. 자신들이 사기 치기 위해 3년을 연구했다며 빨리 정리하라고. 하느님께 맡기니까 사기꾼도 마음을 바꾸는구나 생각했어요.

전과 9범, 10범인 사장, 전무가 짜고서 수수료만 주고 100억

짜리 은행잔고증명까지 받아 우리를 속였던 거예요. 그걸 알고 "학교이전 건은 중지하겠다. 계약무효다"고 통보했지요.

내가 계약서에 까다로운 조건을 달아두었으니 그 계약서를 보여준들 누가 쉽게 땅을 샀겠어요? 땅이 계획대로 안 팔리니 그 친구들 쪽에서 급해졌지요. 비용을 썼다면서 3억 원을 요구하는 거예요.

그래서 "내 개인연금 3천만 원까지는 줄 수 있지만 그 이상은 못 준다. 받아들이지 않으면 계약서 단서대로 무효이니 한 푼도 못 주겠다"고 했어요. 최종적으로 그들이 실제 썼다는 6천만 원만 주고 평화롭게 끝냈어요.

그 1년 사이에 상황이 변해서 마침 대도시는 아파트 분양이 안 되어 건설회사들이 중소도시를 물색할 때였어요. 소문을 듣고 D건설 전무를 찾아가 "도면대로 새 학교를 지어주고 시내 학교 땅을 가지면 어떻겠냐"고 제안했지요.

며칠 뒤에 연락이 왔어요. 결과적으로 그 친구들이 제시한 것보다 15억이 더 많은 돈을 받고 계획에 없었던 기숙사 시설까지 갖추게 되었지요.

1985년에 내가 교목으로 와서 1학년들을 가르쳤는데, 그 학년에서부터 성소자들이 생기기 시작해서 거의 매년 신부가 나왔어요. 강승수 신부가 첫 제자인데 신부가 지금 열 명은 넘을 것 같아요.

지금 신학생까지 합하면 사제가 됐거나 사제교육을 받고 있는 제자들이 50명은 족히 됩니다. 보통 한 해에 신학교에 여덟 명 정도 가고 많이 갈 때는 열세 명도 갔으니까요. 어떤 해는 문과 이과 1, 2, 3등 모두 신학교 가고 그다음 순위 아이들이 서울대학교에 갔어요.

사실 신학교 지으려던 돈, 17억 원을 교구에서 빌려 학교 이전한 것인데 그 돈이 제대로 쓰인 거지요. 신학교만 지으면 뭐해요 신학생이 있어야 할 것 아니에요. 지난번에 주교님이 학교에 오셔서 둘러보시면서 "다 하느님 뜻이었어" 하시더군요.

졸업생 중에 UN에 근무하는 친구도 있긴 한데 아직 젊어서 큰 윤곽이 나타나지 않아요. 40대 후반 정도는 돼야 열매가 어떻게 맺을 것인지 알 수 있을 것 같아요. 내가 처음 가르친 애들이 이제 갓 40이 됐어요. 그때는 내가 교목이라서 뜻을 제대로 펼 수 없어서 인성교육도 제대로 못했어요.

그때는 동아리활동에서 만난 가톨릭 신자 아이들이 전부이고, 일반 학생들이야 철학시간에만 좀 만났을 뿐이니까요. 실질적으로 인성교육을 조금이라도 맛본 아이들은 내가 교장이 된

1995년 입학한 애들부터인데 이제 삼십 대예요. 좀 더 기다려야죠.

교사는 신문에 광고를 내서 서류심사를 하는데 고등학교 성적을 중요하게 봅니다. 요즘 대학에서 하도 커닝을 많이 한다고 해서 성적을 믿을 수가 없잖아요.

면접은, 가치관에 입각한 면접을 봐요. 면접 후에는 전공시험을 치고, 실제 수업 시켜보고, 심층면접 한 것까지 합산해서 합격여부를 바로 발표합니다. 신입교사들이 대건학교에 들어와 시간이 지나면 '아, 이런 학교가 있구나' 하고 놀라요.

가톨릭 없는 가톨릭학교

제가 1985년도에 논산 대건학교에 왔는데 그냥 입시중심의 교육만 시키고 있었어요. '야, 사제가 여기 왜 필요할까' 싶을 정도로 가톨릭학교로서의 정체성이 없는 거예요. 내 정체성마저 흔들렸어요.

인성교육을 하자고 했더니 선생님들 모두 학력이 떨어진다며 반대하는 거예요. 교육경험도 없는 내가 마구잡이로 계속 주장할 수도 없었어요. 그래서 학력이 왜 떨어질까 제 나름대로 분석해봤어요. 학력이 저조한 아이들에게 공통점이 있더라고요.

그게 인간관계에 문제가 있어요. 부모님과 인간관계 형성이 안되면 공부 안해요. 선생님과 안돼 있어도 공부 안해요. 그리고 그 아이들은 끼리끼리 만나요. 그 아이들이 학급 분위기를 흩트리더라고요.

그렇다면 인간관계만 회복되면 학력이 올라가지 않겠는가 하는 가설이 가능해지죠. 인성교육은 인격적인 만남을 통해 보편적인 가치관이라는 큰 그릇을 만드는 과정이고, 지식교육은 그 그릇 속에 담기는 내용이라는 생각이 들었어요. 물의 모양이 그릇의 모양을 따라가는 것처럼 아이들이 배운 지식도 아이들의 가치관에 따라서 쓰여지게 되지요.

잘못된 가치관을 가진 아이들이 지식을 가지면 가질수록 오히려 그 지식으로 남에게 더 큰 해를 입힐 수도 있거든요.

보편적인 가치관이라는 그릇을 먼저 만들어주지 않으면 우리가 애써 교육을 시켜봐야 아무 의미가 없는 거죠. 그런 그릇 속에 지식이 담길 때 비로소 가치 있는 지식이 되고 아이들도 보다 가치 있는 사람이 된다는 결론을 얻었어요.

인성교육은 선택의 문제가 아니라 반드시 해야 하는 것, 안하면 개인도 망하고 이 나라도 비전이 없다는 것을 학부모와 교사들에게 설득했지요. 교육의 본질에 바탕을 둔 접근이라 어느 누구도 거부하지 못하고 모두 수용해주었습니다.

그런데 아이들 인간관계를 회복시켜주려면 교사들부터 교육을 해야 되겠더라고요. 1987년 겨울방학 때 제가 교사연수를 하겠다고 했어요. 그랬더니 교장, 교감이 "아이고, 방학 때라서 선생님들이 귀찮다고 안 갈 겁니다" 하시더라고요.

학교에서는 못하게 하니까 재단 이름으로 했어요. 2박 3일 교사연수를 솔뫼 피정의 집에서 하고, 회비를 3만 원씩 내라고 했어요. 그때 내가 얼마나 무식했냐면, 보통 선생님들은 연수 가면 연수비도 받고 출장비까지 받는 거예요.

그런데 나는 출장비도 안 주고 도리어 연수비를 3만 원 내라고 하니까 선생님들이 무슨 이런 연수가 있느냐면서 처음에는 아무도 안 가겠다는 소문이 막 돌아요.

'오든 안 오든 자기 선택에 대한 책임은 본인이 지면 되는 거다' 하고서 그냥 진행을 했어요. 나중에 보니까 교장선생님만 빠지고 전부 다 왔어요. 특별한 프로그램은 없었어요.

"선생님들이 회식할 때마다 학교에 대한 불만을 계속 반복하더라. 한번 정리할 필요가 있다. 재단이든 관리자든 학교든 불만이나 하고 싶은 얘기 있으면 다해라" 연령대별로 그룹을 지어주고 각 그룹에서 나온 얘기를 총무가 적어서 저녁 발표자리에서 다 말하라고 했어요. 발표한 내용들은 내가 다 정리를 하고요.

그 다음 날은 나이 드신 분과 젊은 사람을 섞어서 한 그룹은 자기가 재단이사장 입장에서 이 문제를 어떻게 해결할 것인지, 다른 그룹은 관리자 입장에서 어떻게 했으면 좋겠는지 방법을 제시하라고 했어요. 그리고서 밤에 또 발표를 하도록 했어요.

내가 어떻게 그런 발상을 했는지 나도 지금 기억이 안 나요. 그냥 서로 마음을 드러내놓자, 그런 뜻에서 시작을 했지요.

저녁에 발표가 전부 끝나고 내가 이렇게 말했어요. "지금까지 재단이 어떻게 했으면 좋겠다, 관리자가 어떻게 했으면 좋겠다, 교사는 어떻게 했으면 좋겠다 이렇게 다 다른 사람이 뭔가 해주기만을 기대했는데 이제는 내가 어떻게 했으면 좋은지에 관한 것만 가지고 1년 동안 살아보자.

나는 재단입장에서 여러분들이 이렇게 했으면 좋겠다라고 말한 그 내용을 가지고 노력하겠다. 관리자는 관리자대로 교사는 교사대로 지금 나온 얘기를 가지고 1년 동안 살아보자. 1년 살아보고 누가 어떻게 변화됐는지 보자. 그리고 이제는 더 이상 같은 불만을 얘기하지 말고 지금까지 정리한 대로 그 안에서 나는 어떻게 변화되어야 하는지 그것만을 생각하자"

그렇게 마무리를 하고 맥주파티를 했어요. 처음엔 안 온다고 했던 분들이 나중에는 더 좋아하더라고요.

교사연수를 하면서 조금씩 선생님들에게 인성교육을 강조했지요. 그런데 내가 인성교육을 얘기하면 선생님들은 말로는 참 좋다 하면서 뒤에 가서는 '비현실적이다, 이상주의자다' 그랬나 봐요. 아이들이 "선생님이요, 신부님은 이상주의자래요. 비현실주의자래요" 하고 얘기해요.

그러면 "그렇지, 예수님이 본래 비현실주의자이고 이상주의자야! 항상 이상적인 것에 목표를 두고 그 이상을 어떻게 현실화시켜 나갈 것인가 노력해야지, 현실적으로 할 수 있는 일만 해서는 발전이 없어. 선생님들이 그런 뜻으로 얘기하는 거야" 하고 넘어갔어요.

아무리 인성교육을 강조해도 선생님들은 자꾸 현실적으로 인성교육이 어렵다, 그리고 애들은 때려야 된다면서 교실마다 막 아이들 때리는 소리가 여기저기서 들려요. 그러니 나는 만날 학교 가면 스트레스예요.

'야! 내가 교장이 되지 않는 한 인성교육을 현실화시키기 어렵겠구나' 그런 생각이 들었어요. 교목시절에는 평생 교목으로 살았으면 좋겠다는 생각을 했었는데, 이제는 교장을 해야 되겠구나 하고 생각을 바꿨어요. 그래서 1995년도에 내가 교장이 되고 인성교육을 하나하나 현실화시키기 시작했어요.

내가 교장이 된 다음 해 체육대회 때 축구를 하는데 반별로 토너먼트를 해서 두 팀이 결승에 올라갔어요. 두 팀 담임선생님들이 축구를 좋아해서 선수로 뛰었지요.

그런데 어느 순간에 심판이 핸들링반칙인지 모르고 골인으로 인정해버린 거예요. 그러니까 골을 먹은 아이들도 항의하고 선생님도 막 항의하다가 선생님이 더 흥분해서 공을 경기장 밖으로 차 버렸어요. 얼마나 비교육적이에요.

그것까지는 저도 참았어요. 그런데 그 선생님하고 상대편 아이하고 공중볼을 놓고 헤딩을 하다가 서로 부딪쳤어요. 그 선생님이 화가 나 있으니까 "너 이리와!" 하면서 그 아이를 발로 차는 거예요. 얼마나 놀라고 화가 나는지… 인성교육하는 학교에서 너무 창피한, 교사의 권위가 땅에 떨어지는 일이잖아요.

경기가 끝나고 그 선생님을 교장실로 불렀어요. "오늘 이 사건은 교사의 권위가 땅에 떨어지는 사건이다. 창피해서 애들 앞에서 더 이상 인성교육이라는 말을 꺼내지를 못하겠다. 애들한테 책임지는 모습을 보여라. 내일 아침까지 어떻게 책임질 건지 나한테 와서 보고해라" 그다음 날 봉투를 가지고 왔는데 반성문만 써왔어요. "안 된다. 사표를 내라"고 했어요.

나는 선생님이 사표를 내면 아이들을 조회시간에 다 집합시켜놓고 "선생님이 너희들 앞에서 너무나 비인격적인 행동을 해서 도저히 교사로 설 수가 없어서 사표를 냈다. 용서해줄 것인지 사표수리를 할 것인지 너희들이 결정해라" 그렇게 하려고 했어요.

그러면 아이들에게 '선생님도 잘못하면 책임지는구나' 하는 교육적인 모습을 보여주어 자연스럽게 교사의 권위도 다시 회복시키는 것으로 해결할 수 있잖아요. 나는 그런 교육의 본질적인 해결책을 생각하고 있는데 그 교사가 사표를 안 내는 거예요. 그렇다고 내가 그걸 일일이 설명할 수도 없고….

그래서 제가 "애들이 잘못하면 책임을 묻지 않느냐? 교사도 잘못하면 책임을 물어야 한다. 선생님이 책임을 안 진다면 교장인 내가 질 수밖에 없다. 내가 사표를 내고 나가겠다" 그랬어요. 선생님들이 내가 교목 할 때부터 같이 살았으니 내 성격을 알아요. 한다면 하거든요.

그러니까 심각성을 깨닫고 내 앞에 무릎을 꿇어요. 편히 앉으라고 하고 설득을 했어요. 그래도 사표는 안 낸대요. 나는 "다시 생각해라. 반드시 책임져야 된다" 했어요.

그 선생님이 교장실을 나가더니 선생님들을 자기편으로 규합하는 거예요. 그래서 내버려뒀어요. 저는 내 사람을 안 만드는 게 원칙이거든요. 내 사람을 안 만들면 다 내 사람이 될 수도 있거든요. 내 사람을 만들면 반드시 내 반대편에 서는 사람도 생겨나요. 물론 내 사람을 안 만들면 다 내 반대편이 될 수도 있지만 그래도 저는 내 사람을 하나도 안 만들어요. 그날 교무실에서 교사들이 다 모여서 회합을 하더라고요.

얼마 후 교감부터 시작해서 부장선생님들이 교장실로 쭉 들어오더니 그 선생님을 용서해달래요. "뭘 용서하느냐? 책임을 져야 용서해주든지 말든지 하지 책임은 하나도 안 지면서 어떻게 용서해달라고 하느냐?" 그랬더니 어느 선생님이 "저도 그런 상황이면 애들을 때릴 수도 있다"는 거예요.

그래서 제가 "나도 화나면 때릴 수 있다. 사람은 잘못할 수 있다. 그렇다고 해서 잘못에 대한 책임까지 면제되는 것은 아니다. 나는 책임을 묻고 있다" 그랬더니 몇몇 선생님들이 그제야 내 말이 무슨 뜻인지 알아듣는 것 같았어요.

그날 밤 아홉 시까지 선생님들끼리 다시 토론을 하더니 '공동으로 책임지겠다'면서 결의문을 가지고 왔어요. "교장선생님께서 추진하고 있는 인성교육에 대해 오해한 점을 반성한다. 앞으로 올바로 이뤄지도록 우리가 최선을 다하겠다"는 결의문에 모든 선생님들이 다 싸인 하고 한마디씩 적어서 가지고 왔어요.

내가 "공동으로 책임지겠다는데 일단 받아들이겠다. 그러나 당사자는 사표를 내라" 그랬지요.

그래서 사표를 받아서 하루 동안 고민하다가 그 다음 날 사표를 반려하면서 이렇게 말했어요. "선생님들이 공동으로 책임지겠다고 했으니까 이번에 선생님들 모두가 한 번씩 아이들한테 비교육적이고 비인격적인 행동을 한 것이다. 앞으로 또다시 이런 일이 있으면 책임을 묻겠다. 대신 공동결의문은 학교신문에 내서 아이들이 보도록 하겠다" 그래서 선생님들의 결의문을 신문에 냈어요.

그 일로 2박 3일간 선생님들과 갈등관계가 있었는데 그 뒤로 한 30년은 교육한 효과가 나타났어요. 선생님들 마인드가 싹 바뀐 거예요. '아, 인성교육이라는 게 그냥 프로그램만 진행하는 게 아니구나. 교사와 학생 간의 인격적인 만남이구나' 그때 인식이 확실히 바뀐 거예요.

그다음부터 선생님들이 아이들에게 인성교육 하는 태도가 달라졌어요. 위기상황이 오히려 사람을 변화시키는 데는 대단히 좋은 터닝 포인트가 된 겁니다.

도둑 만든 성지순례

아이들이 잘못했을 때 혼내기보다는 그 잘못을 통해 승화시키면 아이들이 더 큰 교훈을 얻을 수 있어요.

교목시절 신입생들을 데리고 솔뫼성지를 갔어요. 밤 열두 시가 됐는데 밖으로 나가는 문이 열려있어요. 방을 쭉 둘러보니까 어느 반에서 세 명이 없어졌어요. 찾아봤더니 옆 동네 여학생 셋하고 놀고 있는 거예요. 담임선생님이 가서 붙잡아왔어요. 아이들이 혼날까봐 내 앞에서 바짝 긴장하고 질려있었지요.

그래서 제가 그랬어요. "들어가서 자" 아이들이 들어가지 않고 가만히 있어요. "들어가서 자라니까!" 그랬더니 "벌 세워주세요" 그러는 거예요. "그래? 벌서고 싶어? 그러면 한 시간에 한 대씩, 두 시간 반 무단외출이니까 두 대 반씩이다. 나는 너희들이 어디 가서 뭘 했는지는 몰라. 그렇지만 너희들 얼굴에 이미 잘못이 뭔지를 알고 있기 때문에 더 이상 묻지 않겠다. 담임도 학생부장도 너희 잘못을 더 이상 묻지 않을 것이다" 그리고 용서해줬어요.

용서는 그렇게 해줘야 돼요. "너 이리와! 너 무릎 꿇어. 어디 가서 뭐 했어?" 하고 톡톡 때리는 것은 교육적이지 않아요. 그러면 끝나고 가면서 때린 사람을 욕하거든요. 고마움을 느끼지 못하는 거예요. 어차피 용서해줄 것이라면 자기가 잘못했다는 것을 확실히 느끼게 하는 것이 효과가 있어요.

그다음 해 솔뫼성지에 갔는데, 그땐 진짜 심각한 일이 생겼어요. 로비에 성물들이 있거든요. 은으로 만든 묵주반지가 보면 예쁘잖아요. 그거 여자친구 주고 싶지 않겠어요? 싹 없어졌어요. 돈 통에 있는 돈도 싹 없어졌고요.

관장신부님이 달려와서는 큰일 났다는 거예요. '아차! 아이들 교육시키러 왔다가 도둑을 만들었구나!' 그래서 관장신부님께 기다려달라고 했어요. 기다려주면 아이들이 갖다 놓지 않겠냐고, 갖다 놓지 않으면 제가 다 물어놓겠다고 했지요.

하느님은 우리가 잘못했어도 아무 말씀 안하고 기다리시잖아요. 기다리자. 아마 아이들도 심각성을 알았을 거예요. 잠을 제대로 잤겠어요? 아침에 일어났는데 다들 부스스하죠.

아무 일 없었던 것처럼 내가 "잘 잤니?" 하고 인사하니까 얘들이 눈을 마주치지를 못해요. 아무렇지 않게 그날 예정된 프로그램을 진행했지요. 점심시간이 됐는데 학급대표들이 왔다갔다 하면서 자기들끼리 뭘 하더라고요. 내버려뒀어요.

그날 저녁에 학급 대표들이 빵모자에다가 성물하고 돈 4만 몇천 원을 가지고 왔어요. "그게 뭐야?" 그랬더니 "저희들이 몰래 가져갔는데 다 걷어 왔어요"하는 거예요. "너희들 참 장하다. 참 장하다"

그 다음 날 그룹별로 평가회를 하는데 아이들이 전부 고개를 숙이고 다 잘못했대요. 제가 그때 그랬어요. "잘못을 인정한다는 게 중요한 것이다. 누구나 잘못할 수 있다. 잘못한 것 자체는 윤리성이 크지 않다. 그 잘못을 숨기면서 윤리성이 커지는 거다.

너희들은 잘못을 인정하고 그것을 되돌려 났으니까 윤리성이 없어진 거다. 이 연수는 너희들의 잘못 때문에 성공할 수 있었다. 나는 너희들이 참 자랑스럽다" 칭찬해줬더니 아이들 얼굴이 환해져요. 드리웠던 어두운 그림자가 쫙 걷히는데 완전히 부활 체험이에요. 그런 잘못을 통해서 아이들이 승화되는 거예요.

그럴 때 리더가 화를 내면서 "너희들 다 집합해. 이 도둑놈들 가져간 것 안 내놔?" 이럴 수 있잖아요. 그러면 아이들이 다 내놓지도 않아요. 그리고 아이들 가슴에 응어리가 생겨서 반지 볼 때마다 평생 생각날 거라고요. '나 이거 훔쳤다가 신부님한테 도둑놈 소리 들었다' 결혼식장에서도 생각날 거야. 반지 주고받으면서. 그건 교육적인 방법이 아녜요.

하느님께서 선물로 주신 본질직관 능력의 은총으로 문제가 생기면 항상 교육의 본질과 연관시켜서 그 사안들을 바라봐요. 화부터 먼저 내는 게 아니라 '이걸 어떤 방법으로 승화시킬까?'를 먼저 생각해요.

교육부도 놀란 시골학교

인성교육을 위해 제일 먼저 수준별 이동수업을 시작했어요. '아이들이 알아들을 수 있는 수업을 해줘야 한다. 그러면 아이들 능력에 맞게 이동수업을 하면 되겠다!' 하는 생각을 하게 된 거예요. 물론 성적보다는 인성을 중시해야겠다는 차원에서 접근했어요.

아이들이 부모님이나 선생님들과 인격적인 관계가 이뤄지지 않으면 정서적으로 산만해 집중력이 떨어지기 때문에 공부를 잘할 수 없지요. 그래서 그들에게는 특별한 관심과 사랑이 필요해요. 그런 관심과 사랑만이 그들의 마음을 움직일 수 있어요.

그래서 우선 영어, 수학 과목 이동수업을 하려고 했더니 선생님이 모자라는 겁니다. 과목당 교사가 여덟 명씩 필요한데 당시에는 여섯 명씩밖에 없어요. 그래서 장기적인 계획을 세울 수밖에 없었지요.

교련선생 한 분이 정년으로 떠난 자리를 영어와 수학선생으로 채우고 남아있는 교련선생도 다른 과목을 가르칠 수 있도록 교육대학원에 다니도록 했지요. 그렇게 거의 10여 년 동안의 노력으로 영어선생님 일곱, 수학선생님 여덟 분을 확보했어요.

그리고는 1995년도에 내가 교장이 되고 영어, 수학 선생님들 불러서 "인성교육 차원에서 수준별 이동수업을 해보시라"고 안을 제시했어요.

그런데 선생님들이 "참 좋긴 한데, 평가 등 여러 문제가 있다"면서 문제점만 찾아서 가져와요. 하는 쪽으로 연구를 하는 것이 아니라 안하는 쪽으로 연구를 해오더라고요. 그러면 나는 내 나름대로 그 문제에 대한 해결방법을 연구해 문서로 써서 다시 돌려줬습니다. 선생님들이 그것을 보고 또 연구를 하고… 그렇게 몇 개월간 문서만 왔다갔다했어요.

어느 때는 일주일 만에 돌아오지만 어느 때는 한 달도 걸려요. 자기들 나름대로는 안하기 위한 핑계들을 찾아오는 거예요.

나중에는 더 이상 안할 이유를 찾을 수 없으니까 교사 수가 부족하다는 이유를 대요. "수학은 선생님이 여덟 명이라 가능할지 모르겠는데 영어는 일곱 명이라 어려울 것 같습니다" 그래서 내가 "영어강사를 하나 쓰려고 합니다" 하니까 선생님들이 할 말이 없잖아요. "그럼 해야 되겠네요"

"구체적으로 수업을 어떻게 했으면 좋겠느냐?" 하고 돌아가면서 한 사람씩 다 물어봤어요. 선생님들끼리 얘기할 때는 막 얘기해도 교장 앞에서는 안된다는 얘기는 못하잖아요.

여덟 명이 한마디씩 했는데, 종합하니까 내가 하고 싶었던 이야기가 다 나온 거예요. "선생님들 말씀을 쭉 종합해보니까 되겠네요. 그렇게 합시다" 하고 결론을 내버렸지요.

그렇게 해서 우리가 처음으로 수준별 이동수업을 하기 시작한 거예요. 실제로 운영하면서 시행착오는 많지 않았어요. 아마도 '했을 때 나타날 수 있는 문제들'에 대해 선생님들과 오랜 기간 토론을 통해 많은 얘기를 나누었기 때문일 거예요.

그래서 반대의견이 중요하고 토론을 통해 합의에 이르는 과정이 성공의 열쇠라고 볼 수 있지요. 아무리 좋은 프로그램이라 해도 구성원들과 토론을 통한 합의과정이 없으면 성공하기 어려운 것이지요.

그리고 전반적으로는 학교목표를 '인성과 학력의 조화'로 정하고 인성교육 프로그램, 학력신장 프로그램을 만들어서 진행하기 시작했어요.

수준별 이동수업을 하니까 공부를 포기했던 아이들이 얼마나 좋아했는지 몰라요. 잘하는 학생들은 더 잘하게 되고, 개인성적, 학급성적이 다 올라갈 수밖에요.

지금은 다른 학교들도 다 하는데, 우리 학교만 성공했거든요. 그 이유가 뭐냐면, 우리 학교 구성원들에게는 합의된 공통의 목표가 있었으니까요. 교사도 부족하고, 할 의지도 없는데, 억지로 시켜서 해봐야 시간낭비예요. 남이 만든 교재로 하는 척만 하는 거지요.

나중에 교육부가 발표한 7차 교육과정에서 우리 학교가 수준별 이동수업 모델이 됐어요. 한 3년 전부터 교육평가원에서 우리 학교의 수준별 이동수업을 일반화하는 작업을 했어요.

그 해 김영삼 대통령시절에 5·31 교육개혁안을 발표했는데, 교육개혁내용이나 방향 자체가 이미 우리 학교가 하고 있던 것이었어요. 그걸 보고 선생님들이 깜짝 놀랐지요. "신부님! 이번에 발표된 교육개혁 그거 지금 우리가 하고 있는 거예요!"

더 놀란 것은 교육부였어요. 전국에 있는 석학들에게 2년간

연구를 시켜서 교육개혁을 발표했는데, 이름 없는 시골학교에
서 벌써 시행하고 있었으니 얼마나 놀랐겠어요.

교육부에서 논산까지 내려왔어요. 처음에 어떻게 시작하게
됐느냐고 묻더라고요. "교육의 본질에 입각해서 목표를 정하
고 프로그램을 만든 것이다" 했더니 놀라면서도 한편으로는 좋
아하는 거예요. 교육부가 교육개혁안을 발표하면 기자들은 물
론이고 교육계 내부에서도 "너무 이상적이다. 그게 가능하냐?"
하고 공격할 테니까 "이미 시행 중인 학교가 있다" 하고 증거를
보여줄 수 있잖아요. 그래서 우리 학교가 교육개혁의 모델이 된
겁니다.

이 과정에서 선생님들이 탄력을 받았어요. '이 프로그램이 현
실적으로 가능할까?' 생각하고 있었는데 5·31 교육개혁이 발
표된 뒤에는 '우리가 교육부보다 앞서 가는구나!' 하는 자부심
도 생기고 자신감을 얻었어요. 결과적으로 교육부의 교육개혁
이 우리 학교의 인성교육 프로그램을 추진하는데 상당히 도움
이 되었지요.

영성 없는 인성교육

인성교육을 하면 처음에 일시적으로는 학력이 떨어질 수 있다고 나도 생각했어요.

그래서 학부모총회 때 내가 얘기를 했죠. "인성교육을 하면 일시적으로 학력이 떨어질 수도 있다. 하지만 3년이라는 기간을 놓고 보면 반드시 학력이 올라갈 것이다. 내가 확신한다. 믿어달라"고 설득을 했지요.

인성교육을 그냥 프로그램으로만 진행하면 학력이 떨어질 수 있습니다. 인성교육에 관한 정보나 지식을 전달하는데 불과하니까요. 지식에 머무르지 않고 선생님과 아이들 사이에 인격적인 교류가 있어야 진짜 인성교육이지요. 프로그램은 이 인격적 교류를 쉽게 해주기 위한 도구일 뿐입니다.

인성교육을 하다 보면 교사와 학생 사이에 자연스럽게 마음이 열리게 되고, 인격적인 교류가 이뤄지면서 상호신뢰가 형성되잖아요. 그러면 아이들이 선생님을 대하는 태도가 달라져요. 수업태도가 달라지고 그것이 성적향상으로 이어지는 겁니다. 인성교육과 학력신장이 조화를 이뤄야 성공이라고 볼 수 있습니다.

윤리시간에 아이들이 윤리에 대한 개념을 배우고 인성교육 프로그램을 통해서 윤리를 경험하게 되잖아요. 그런데 거기에만 머무르면 윤리에 대한 개념과 프로그램만 이해하는 거예요.

인성교육이 제대로 되려면 개념뿐만 아니라 그런 지식이 내 인생에 어떤 의미가 있을까? 또는 이 사회와 국가에 어떤 기여를 할 수 있는가? 하는 피드백이 이루어져야 돼요. 그 피드백이란 간단해요. 프로그램을 진행하고 나서 아이들에게 '지금 이런 프로그램을 했는데 이 프로그램이 내 인생에 구체적으로 어떤 의미가 있는가?'라고 질문하면 돼요.

그러면 아이들이 '이 프로그램이 내 인생에 어떤 의미가 있을까?' 혼자 생각하게 되지요. 생각하면서 그 지식이 마음으로 내려가 내면화하는 작업, 즉 의식이 계발되는 것이지요. 그러면서 거기에서 삶의 의미를 찾아가는 거예요.

의미를 찾아내서 그것이 내 안에 의식이 되면 패러다임이 바뀌죠. 전에 알고 있던 지식의 패러다임이 바뀌면서 그다음에 행동이 나오는 겁니다.

그다음에는 어떤 상황에 대해 판단할 때 단순히 지식만 가지고 판단하는 것이 아니라 내용이나 본질에 입각해서 바라보는 시각이 생겨요. 보는 시각이 달라지면 판단이 달라지니까 행동도 바뀔 수밖에 없죠.

거기까지 들어가야 인성교육이지, 단순히 지식이나 경험만 갖고는 안됩니다. 지식이 '의식'으로 바뀌려면 반드시 다시 숙고하고 피드백하는 과정을 거쳐야 합니다.

다른 학교에서도 인성교육을 하긴 하지만 대부분 이 피드백이 부족해요. 우리는 어떻게 하느냐? 명상을 하거나 프로그램을 하면 그 프로그램에 대해서 몇 가지 질문을 던져요. 이 프로그램을 통해서 느낀 점, 또 그것이 어떤 가치가 있는지 스스로 생각하게 하고 그걸 기록하게 해요.

그걸 서로 나누면 '나는 이런 것을 느꼈는데, 다른 친구는 저런 것을 느꼈구나' 이렇게 서로 느낌을 나누면서 생각이 확대되는 거죠. 실제 그 단계까지 가는 학교는 별로 없어요.

인성교육에 대한 프로그램이 가지라면, 그 가지가 줄기와 뿌리에 연결되어 있어야 그 프로그램들이 생명력이 있습니다. 교육의 본질은 나무의 보이지 않는 뿌리와 같고 교육의 비전은 나무의 줄기이고 교육 프로그램들은 나무의 가지들에 비유할 수 있을 겁니다. 뿌리에서 생명력을 받아 줄기를 통해 가지로 연결될 때 열매를 맺게 됩니다.

선생님들이 프로그램을 진행하면서 그 프로그램이 교육의 본질과 어떻게 연결되는지 알고 진행하느냐, 모르고 진행하느냐가 생명력이 있느냐 없느냐의 차이라고 할 수 있지요.

지금 많은 학교가 우리 학교 프로그램을 가져가지만 단편적인 프로그램만 배워가서는 효과가 그리 크지 않을 겁니다.

그 프로그램 때문에 변화하는 계기는 되겠지만 중요한 것은 그 변화가 교육의 본질에 바탕을 두어야 생명력이 있다는 뜻입니다. 프로그램만 달랑 교육하면 아이들은 '아 재미있었다' 그 정도에 그치고 말 뿐이지 그게 생활에 연결되지 않아요. 생명력이 있느냐 없느냐의 차이가 거기에 있어요.

프로그램을 진행하는 과정에서 선생님도 함께 마음이 오픈되어 있는가 하는 것도 차이가 있고요.

일반적으로 학교에서는 인성교육의 일환으로 아이들을 수련원에 맡깁니다. 수련회를 통해서 교사와 학생들 사이에 인격적인 교류가 이루어져 서로 신뢰를 쌓고 그 신뢰를 바탕으로 학교생활을 잘해가도록 하는 계기를 만들자는 것인데, 문제는 수련회에 가면 교사들은 교사들끼리 따로 어울리고, 수련회 지도선생님들이 학생들을 데리고 그 프로그램을 다 진행해요.

2박 3일이든 3박 4일이든 거기 지도선생님들은 애들한테 최선을 다하지요. 그러니까 아이들은 그 지도선생님들만 너무너무 좋은 거예요. 감동받고 변화되지요. 사실 2박 3일간 아이들에게 감동을 주는 것은 조금만 노력하면 가능하지만, 3년간 감동을 주는 것은 엄청난 노력 없이는 불가능합니다.

그래서 학교에 돌아오면 '그 지도선생님들은 참 좋았는데 우리 선생님들은 왜 이렇게 비인간적일까?' 하며 그 지도선생님들과 학교선생님을 비교합니다. 이런 경우 수련회가 아이들 학교생활에 도움이 되는 게 아니라 오히려 학교생활을 악화시켜요.

제가 수련회 지도선생님께 이런 말을 했어요. "진짜 성공적인 프로그램이 되려면 학교선생님들을 그 프로그램에 참여시키십시오. 수련회선생님들은 뒤에서 보이지 않게 협조하고 학교선생님과 아이들의 인격적인 교류가 이루어지도록 프로그램을 진행하면 더욱 좋지 않겠습니까? 아이들이 학교에 가서 선생님들과 정말 친구처럼 될 수 있게 만들어주는 것이 수련원 측에서 해야 할 일이지, 학교선생님들한테 먹을 것 주고 편하게 쉬게 하고 수련회선생님들만 아이들 데리고서 밤에 촛불 켜놓고 감동적인 시간을 보내는 것은 잘못된 것입니다”

사실 밤에 촛불 켜놓고 어머니 얘기만 해도 눈물을 흘리는 감수성 많은 아이들에게 감동을 주는 것은 그리 어려운 일은 아니지만, 아이들에게는 잊지 못할 경험이 되거든요.

그래서 우리 학교는 아이들을 수련회에 안 보내고 우리 기숙사에서 자체적으로 하거나 '피정의 집'을 빌려서 우리 선생님들이 직접 운영합니다. 아이들과 인격적인 교류가 되도록 프로그램을 만들고 그것을 학교생활과 연결시키니까 인성교육이 성공하는 것이지 그냥 프로그램만 한다고 성공하는 게 아닙니다.

지식이든 지적능력이든 그것이 올바르게 쓰이기 위해서는 의식이 계발되어야 하지요. 그 의식을 계발하는 과정이 인성교육이기 때문에 자연스럽게 영성과 연결될 수밖에 없지요.

영성이 중심이 된 인성교육은 전인적인 성숙을 지향하는데, 그것은 인간을 구성하고 있는 신체적, 지적, 정의적(정서, 의지), 영적인 요소들을 균형 있게 계발하는 것입니다.

영적인 기능이 배제된 인성교육은 사고 논리를 통한 지식 차원에 머물게 됩니다. 그것은 인성에 관한 개념이나 테크닉을 이해시키는 것이지 인성교육이 아닙니다.

인성교육이 되기 위해서는 지식이나 경험이 우리 인생에 어떠한 의미가 있는지, 또는 이 사회와 인류에 어떠한 가치가 있는지를 스스로 묻는 과정을 통해 내면화하는 작업이 필요합니다. 그 내면화 작업이 영적인 기능이므로 영성을 배제할 경우 제대로 된 인성교육은 가능하지 않습니다.

학교에 영성을 심었더니

꿈꾸다 떠오른 조감도

우리 삶에서 영성이, 본질직관 능력이 왜 중요하냐면, 그때그때 바른 판단을 순발력 있게 할 수 있어야 하기 때문이죠. 다수의 동의에 의존하는 민주적인 방법에는 많은 문제가 따르지요.

보편적 가치관에 근거해서 순간순간 닥치는 문제를 정확하게 파악할 수 있는 영성이, 본질직관 능력이 있어야 올바른 판단을 내릴 수 있고 창의적인 일들을 해낼 수 있어요.

끊임없이 생각하고 또 생각하고, 그 생각이 깊어져 본질에까지 이르러야 돼요. 절실히 답을 구하다가 세상의 논리로는 정리할 수 없는 어떤 한계상황에 딱 부딪혔을 때, 그때 영의 세계로 들어가게 됩니다.

우리의 정신세계에는 지적, 정서적, 의지적 세 가지 기능이 있잖아요. 지적인 사고라는 것은 곧 논리인데, 논리의 한계에 부딪혔을 때 정신세계의 것으로는 해결이 안됩니다. 영의 세계로 들어가야 역설의 세계를, 논리를 뛰어넘는 세계를 만날 수 있지요.

깊이 있는 명상을 통해서 사람이 생각할 수 없는 한계에 부딪혀, 끝까지 '이게 뭘까, 이게 뭘까…' 할 때 하느님과 만나는 겁니다.

외아들이 죽어갑니다. 어머니는 온갖 병원을 다 다닙니다. 그러다 도저히 고칠 수가 없다고 하면 마지막 순간에 하느님께 매달리잖아요. 기도하고 또 기도하고 그래도 한계에 부딪힐 때 '내 아들을 하느님께 맡깁니다' 그러면서 평화를 얻잖아요. 그런 감성을 통해서도 다른 세계와 만나게 됩니다.

자기 의지로만 뭔가를 이루려고 몸부림치는 사람이 있거든요. '내가 하면 안되는 거 없다. 내가 최고다' 그러다가 어떤 한계상황에서 좌절을 맛보게 되면 그 좌절의 끝자락에서 변화를 일으키기도 합니다. 이렇게 자기의 세계를 넘어서야 영원의 세계와 만나게 되는데 본질을 직관할 수 있는 능력은 그럴 때 생기는 겁니다.

이것을 어떻게 교육에 접목시킬 수 있을까, 영성을 어떻게 계발할 수 있을까 하는 것이 제 평생의 과제입니다. 그래서 그 능력을 키워주는 'SQSpiritual quotient 영성지수 리더십 프로그램'을 몇 년 전에 개발해서 해마다 강의를 하고 있습니다. 'SQ'란 한마디로 하느님 아버지와의 관계 안에서 내가 누구냐 하는 것을 제대로 아는 것입니다.

1990년 이전에는 IQ가 지능을 평가하는 일반적인 기준이었어요. 그래서 학교에서도 IQ 테스트를 많이 했지요. 1990년 이후에는 데니얼 골먼이라는 사람이 IQ보다는 감성지수인 EQ가 더 중요하다고 해서 EQ가 중요시됐지요.

EQ가 발달되면 상대방의 마음을 헤아려서, 상대방의 입장에서 표현하게 돼요. 그러다가 2000년부터 SQ에 대한 관심을 갖기 시작하는데 IQ나 EQ만으로는 삶 속에서 만나는 다양한 문제의 복잡성을 완전히 설명할 수 없기 때문이죠.

인간지능에 대한 완전한 이해는 영적지수를 포함해서 논의해야 완전해질 수 있습니다. 그래서 SQ는 IQ나 EQ가 효과적으로 기능하도록 도움을 주어 상승효과가 생기도록 하는 영적지수입니다.

SQ는 자연스럽게 리더십과 연결이 돼요. 리더는 순간순간 판단을 해야 하는 역할이잖아요. 현상을 현상 그대로만 판단하는 것이 아니라 현상을 있게 한 본질을 통해서 파악할 때 올바로 판단할 수 있는 거예요.

올바른 판단을 할 수 있는 리더가 있으면 그 공동체는 행복하고, 리더가 판단력이 없으면 불행해집니다. 우리가 무언가를 결정할 때 전체의 의견을 모아 민주적으로 결정하자고 하지만 그것이 꼭 올바른 판단은 아니에요. 99명이 틀리고, 한 사람이 맞을 수도 있어요.

SQ의 핵심은 본질직관 능력이에요. 직관은 본질을 통해서 현상을 바라보는 거예요. 현상을 초월해야 문제가 해결될 수 있는 것이거든요. 그래서 영적 지능, SQ가 필요한 것이고 본질직관 능력이 있어야 참된 리더가 될 수 있어요.

'SQ 리더십'이라는 용어를 제가 제일 먼저 썼어요. 일반적인 리더의 판단기준은 자기 경험과 지식이에요. 일반 리더십은 역사적으로 훌륭한 리더들을 분석해서 그 사람들이 살아왔던 경험들을 모아서 정리한 거예요. 그것도 물론 도움은 되죠.

그런데 세상이 워낙 빨리 변화되니까 판단기준이 옛날하고 달라졌어요.

〈성공하는 사람들의 일곱 가지 습관〉이라는 책이 있어요. 거기도 리더십 프로그램이 있는데 제가 초창기 멤버에요. 1996년에 그 책을 처음 접했는데, 우리 학교가 하고 있는 인성교육 프로그램을 이론적으로 잘 설명해주고 있어서 깜짝 놀랐어요.

선생님들에게 강좌를 받게 하려고 했더니 수강료가 1인당 수백만 원이에요. 그래서 내가 강사자격증을 따서 자료만 사다가 20여 차례 직접 진행을 했어요.

그런데 근본적인 문제가 생겼어요. 일곱 가지 습관, 그 리더십은 내가 어디로 가야 하는지는 알 수 있는데 지금 내가 지금 어디 있는지, 내 좌표에 대한 얘기는 없어요. 내가 어디 있는지를 모르는데 어디로 가야 할지를 어떻게 알 수가 있겠어요? 제가 거기서 일반 리더십의 한계를 느꼈어요.

우리가 존경하는 옛 성인들이 좋은 습관을 기르고 자기 의지와 싸워서 이겼기 때문에 성인이 됐나요? 아니에요. 본질적인 깨달음이 있은 후에 물처럼 바람처럼 산 거예요.

내 의지로만 살면 내가 이루었다는 자아 때문에 아주 교만한 사람이 돼요.

SQ 리더십은 내가 어디에 있는가, 나는 누구인가를 먼저 알고 그다음에 어디로 갈 것인가, 어떻게 할 것인가를 알려줘요. 내가 어디 있는지 알면 내가 가야 할 방향이 보여요.

칠팔 년 전에 교육잡지를 보다가 SQ라는 용어를 처음 접하고 깜짝 놀랐어요. 어떻게 교육잡지에 SQ라는 말이 등장할까?

그동안 영성은 종교적 삶과 관련된 말이었는데 이것이 어떻게 교육학의 용어로 등장할까? 논리적인 세계인 학문 속에서 논리를 뛰어넘는 세계인 영성을 어떻게 설명할 수 있을까 궁금했어요.

하느님과의 관계 안에서 나를 인식하는 것이 SQ거든요. 예수님은 자신을 어떻게 인식하셨을까요? "아버지께서 나를 세상에 보내셨다. 나는 아버지 안에 있고 아버지께서는 내 안에 계시다. 아버지와 나는 하나다" 이렇게 인식하셨거든요.

우리도 예수님처럼 하느님 아버지와의 관계 속에서 내 자아를 인식할 수 있습니다. 예수님께서는 "하느님께서 나를 세상에 보내신 것처럼 나도 너희를 보낸다. 내가 아버지 안에 있고 아버지께서 내 안에 계신 것처럼 나도 너희 안에 있고 너희도 내 안에 있다"고 하시며 "아버지와 내가 하나인 것처럼 우리 모두가 하나가 되게 해달라"고 기도하시잖아요.

제가 이것에 기초해서 SQ 리더십을 만들었어요. 불교적인 용어로 표현하면 참된 나를 찾아가는 과정이 SQ예요.

나이 50을 앞두고, 50년이면 성서적으로 '희년'이니까 좀 조용한 곳에서 나를 돌아봐야겠다고 생각했죠. 언어도 잘 안 통하는 데로 가자고 마음먹고 훌쩍 떠났어요. 목표는 '내가 누구인가를 알자!' 그거였지요.

하와이에서 1년 반 동안 내가 살아왔던 삶을 개념화시켜서 8절지 한 장에다 압축하여 그려보려는데 될 듯 될 듯 잘 안되더라고요.

그 후 필리핀에서 6개월간 사제쇄신코스에 참여하면서도 항상 그 생각이 떠나지 않았습니다. 잠도 깊이 들지 않았죠. 그러다 어느 날 잠을 자는데, 머릿속에 그림이 막 그려지는 거예요. 잠결에도 그려놓지 않으면 생각이 안 날 것 같아 벌떡 일어나 막 그려놓고 다시 잤어요.

다음날부터 그 그림을 기초로 해서 SQ 조감도를 그리기 시작했어요. 수십 장을 찢고 다시 그리고 하면서 드디어 8절지 한 장에 'Who am I?내가 누구인가?'라는 존재방식과 'How to do? 어떻게 살아야 되는가?'라는 행동방식, 이 두 가지를 압축시켜 완성했지요. 그동안 내가 살아왔던 내용과 알고 있는 지식들을 총동원했습니다. 그게 SQ 리더십의 기초가 됐습니다.

SQ 리더십은 삶의 주체가 나로부터 그리스도 하느님으로 바뀌는 거예요. 나는 하느님과의 관계 속에서 내가 누구인지 설명

하는 것을 SQ라고 규정했어요. 그래서 SQ는 내가 누구고 내가
어디 있는지에서부터 출발해요.

영성의 세계 역설의 세계

인간에게는 생활하면서 마주치는 감각의 세계가 있고, 머릿속으로 생각하는 사고의 세계가 있고, 마음 깊숙한 곳에 영적인 세계가 있어요. 그 영적인 세계를 통해서 세상을 바라보고 판단하고 살아가는 것이 영성이라고 할 수 있을 겁니다.

영적인 세계는 이렇게 우리 내면의 가장 깊숙한 곳에 자리하는 가장 작은 부분이지만 그 포용성에 있어서는 감각세계보다는 정신세계가, 정신세계보다는 영적인 세계가 보다 포용력이 크지요.

그래서 영성이 중심이 된다고 하는 것은 감각세계와 사고의 세계를 전부 다 포용하고 있는 세계를 말합니다.

실제로 우리의 감각세계는 사고를 따라갑니다. 스트레스를 받거나 사고가 경직되면 몸이 굳어지지요. 또한 우리의 사고는 영성을 따라가게 되어 있습니다. 그래서 감각세계나 사고의 세계는 영적인 세계와 분리된 것이 아니라 영적인 세계가 사고의 세계와 감각세계를 이끌어갑니다. 내가 사고하고 판단하고 행동하는 그 뿌리가 어디냐? 그것이 영성이지요.

기독교적으로 말하면, 영성이란 하느님을 믿고 하느님과 함께하는 삶이라고 볼 수 있는데, 하느님과의 관계를 맺는 것은 근원적으로 우리 인간 안에 영적인 기능이 내재되어 있기 때문에 가능한 것입니다.

일반적으로 말한다면, 감각을 통해서 정보가 들어오면 이성은 그 정보를 논리적으로 분석하고 체계화하여 지식을 만들어 냅니다. 그 지식이 의지와 만나면 행동으로 바뀌고 그 행동이 경험을 만들어내고 그 경험이 하나의 관념을 만들어내지요.

이 관념체계를 패러다임이라고 부릅니다. 우리는 이렇게 형성된 패러다임을 통해서 세상을 바라보고 판단하지요. 그리고 살아가면서 시행착오도 겪으며 조금씩 바라보는 시각을 넓혀가게 됩니다.

그런데 어느 순간 자신의 패러다임으로는 감당할 수 없는 인생의 근본적인 문제에 부딪히게 되지요. 삶의 의미는 무엇일까? 무엇이 가치 있는 삶일까? 인생에서 만나게 되는 고통은 어떤 의미일까?

삶의 근본적인 문제와 만나면서 논리의 한계를 넘어서는 새로운 차원의 세계를 체험하게 되는데, 그때 만나는 세계를 영성의 세계 또는 역설의 세계라고 말하지요.

즉, 이원론의 세계에서 일원론의 세계로 넘어가게 되는데, 그 일원론의 세계는 논리적인 언어로 표현하기가 불가능하기 때문에 역설적으로 표현하게 되지요. 비논리를 논리 속으로 끌어들이려면 역설이라는 언어를 통해서 표현해야 하니까요.

이 일원론의 세계, 역설로 표현되는 세계가 바로 영적인 세계라고 볼 수 있어요. 영적인 눈으로 세상을 바라보면 어떤 사고나 관념, 기존의 패러다임으로 세상을 바라보는 것과 전혀 다른 시각이 열리지요. 그리고 영성이 자기 삶의 중심이 되면 사고와 감각이 자연히 따라가기 때문에 사고도 유연해지고 몸도 유연성이 생깁니다.

영성의 세계는 누가 만든다기보다 이미 우리 인간 안에 내재되어 있는 영적인 능력입니다. 우리가 현상적인 삶에만 머물러 있다 보니까 영적인 계발이 잘 안된 것이죠. 영성이 계발되려면, 끊임없이 자기 삶의 의미를 탐구해나가야 돼요.

'이게 왜 이럴까? 어떤 삶이 의미 있는 것일까? 참된 가치는 어디에서 오는가?' 이렇게 자신의 삶을 통해서 끊임없이 본질적인 문제들에 대한 의문을 제기하고 답을 찾아가는 노력이 필요합니다.

그러다가 어느 순간 자신의 의지만으로는 불가능하다는 걸 깨닫고 하느님께 순종하지 않을 수 없게 되지요. 이는 인간이 자연의 순리에 순응해야 하는 것처럼 우리의 선택과는 관계없이 인간답게 살아가야 하는 진리가 이미 존재한다는 것을 깨닫고 그 진리대로 살아가게 되는 세계라고 할 수 있지 않을까요?

지능이나 감성이 유전인자에 의해 선천적으로 계발된 부분도 있고, 가정환경이나 교육환경을 통해서 후천적으로 계발된 부분도 있는 것처럼 영성도 양면성이 있지 않을까 싶습니다.

신앙이 있다면 아무래도 영적인 성장이 빠르지 않겠어요? 우리가 자신에게 주어진 일에 최선을 다 하지만 신앙이 있다면 순간순간 최선을 다 하면서 동시에 그 이상을 하느님께 맡길 줄 아니까 그 부분에서 신앙이 없는 사람과 다르지 않을까 해요.

한계상황을 만난다는 것 자체가 삶 속에서 끊임없이 인생의 의미를 추구하고 있다는 증거라고 할 수 있을 겁니다. 한계상황에 부딪혔을 때 많은 사람들은 그러한 상황과 적당히 타협하면서 자기합리화를 하는 경우가 있지요. 그럴 때는 한계상황이라 하더라도 영적인 계발에 도움이 되지 않지요.

한계상황이라는 것이 반드시 논리적인 한계를 말하지는 않습니다. 정신세계의 기능에는 사고의 기능 외에 정서적 기능과 의지적 기능도 있습니다. 사람에 따라서는 정서적인 슬픔의 한계상황이나 의지적인 차원의 절망의 끝자락에서 초월을 체험하기도 합니다. 이러한 체험들이 한계상황을 통해서 보다 명확하게 인식된다는 것이지 그 외의 영성계발 가능성을 부정하는 것은 아닙니다.

인간의 영적인 기능 중에는 양심의 기능이 있기 때문에 사람이 '양심'을 통해서 자기 잘못을 깨닫게 되고 자신의 부족함을 알게 되는 경우도 있지요. 양심이 곧 영적인 기능이 작동하고 있는 상태라고 볼 수 있으니까요.

'고공표' 수업

어렸을 때 상상을 통해서 피안의 세계, 아름다움의 세계를 동
경하고 꿈꾸기도 하는데, 어릴 때니까 그것을 영성이라고 느끼
지는 않겠지만 어린아이와 같은 그 모습이 사실은 영성을 가진
사람의 본래 모습이에요. 순수함 자체, 그게 영 중심으로 살아
가는 그 모습일 겁니다.

그러다가 우리는 사고중심으로 세상을 바라보기 시작하지요.
순수함 그대로가 본연의 내 모습인데, 살아가면서 보고 듣고 느
끼는 경험을 통해 서서히 자아의식이 생기고 자기세계를 만들
어가는 거죠.

분석적으로 막 깊이 들어가느냐 아니면 큰 테두리를 그냥 바라보느냐 즉, 사고작용을 통해 자신의 삶에 대해 내면세계로 분석해 들어가느냐 아니면 외부세계와의 관계 안에서 감성적으로 느끼면서 받아들이느냐의 차이는 있지만, 누구나 자기만의 시각이 있어요.

그 시각이 진실을 보는데 걸림돌이 되는 것이지요. 많이 배우면 배울수록 그 순수성에서 더 멀어지는 경향이 있어요.

많이 배우지는 않았지만 그냥 자연 속에서 순수함으로 살아가는 사람들이 있어요. 있는 그대로의 순수한 모습, 어린아이와 같은 모습에서 많이 바뀌지 않은 상태죠. 그러나 그들도 그들 나름으로 자연을 거울삼아 자아를 인식하고 자아대로 살아가는 경우도 있는데 그런 상태를 영성적이라고 말하기는 어렵지 않을까 합니다. 영성이란 자아를 드러내는 작용은 아니기 때문입니다.

영성이 계발된 사람은 어린이처럼 단순해져요. 복잡하게 분석하지 않고 단순하게 기다릴 줄 알고, 그냥 순리에 맡길 줄 알고 그러다 보니까 삶이 단순해집니다.

그것은 어린아이가 살아가는 모습과 겉모습은 비슷하지만 단순비교하기는 어렵다고 봐야죠. 어떤 단계를 뛰어넘은 사람의 모습이니까요.

감각으로 봤을 때와 영으로 봤을 때의 표현은 똑같아요. 있는 그대로 본다는 것이죠. 하지만 감각으로 본다는 것은 경험하는 대로, 느끼는 대로 본다는 것이고, 영적인 차원으로 본다는 것은 본질을 통해서 직관한다는 겁니다.

내 감각을 통해서 보느냐? 아니면 나를 떠난 객관적인 본질 즉 진리를 통해서 보느냐? 그 차이지요. 있는 그대로 본다는 것은 본질을 통해서 세계를 본다는 것이지요. 그게 객관적인 겁니다.

우리가 공부를 하는 것은 논리의 세계 속에서 이루어지는 겁니다. 사고나 정서나 의지는 정신세계의 기능입니다. 모두 같은 차원에 있는 기능이기 때문에 지능지수와 감성지수와 의지가 서로 영향을 미치는 정도가 미미합니다. 지능이 높다고 인간관계를 잘하는 것도, 의지가 강한 것도 아닙니다.

그러나 사고나 정서는 영성을 따라가기 때문에 영성의 영향을 크게 받을 수밖에 없습니다. 그래서 영성이 계발되면 사고가 유연해지고 인간관계도 상대를 배려하는 차원으로 바뀌게 되고 의지도 순리를 따르려하기 때문에 자연스럽게 공부도 잘하게 되지요.

논리적인 사람이 공부를 잘하는 것은 학문이 논리로 이루어져 있기 때문입니다. 그러나 논리적인 사람이 영성계발이 되지 않으면 그 논리는 경직된 논리일 뿐이어서 창조적이지 못합니다.

영성이 계발되어야 논리적이면서도 논리에 매이지 않는 유연성을 갖게 되고 그 유연성에서 창의적인 사고를 할 수 있게 되지요. 또 지식을 어떻게 써야 올바른지도 알게 되고요.

공부와 연결해서 이 아이가 이것 때문에 반드시 이것이 좋아졌다 하는 걸 찾아내긴 참 어렵고요. 우리 학교에서 지향하는 학습방법은, 교사에 의존하는 교육에서 벗어나서 자기주도적 학습능력을 키워주는 데 초점이 있어요.

또 하나는 단편적인 지식을 암기하는 것보다는 전체 안에서 부분을 알게 하자. 그게 우리 학교의 학습방법입니다. 그다음에 영성을 통해서 아이들 스스로 본질 직관력, 통합적 사고력을 깨닫기를 바라는 것입니다.

요즘 시험에 종합적 사고력을 묻는 문제들이 많이 나오잖아요. 사회과목이면 먼저 목차중심의 큰 맥을 그려내는 겁니다. 우리 학교에서는 '고공표'라는 걸 사용해요. 위에서 내려다본다는 뜻입니다. 배워야 되는 단원의 고공표를 보며 소목차는 뭐고 그 안에서 오늘 배워야 하는 부분은 바로 이 부분이다, 이렇게 매 수업마다 반복해서 보고 또 보고 해서 아이들에게 그 고공표가 자연스럽게 입력되게 만드는 거죠.

그렇게 공부하면 한 줄만 봐도 '아, 이게 전체 맥 안에서 어느 부분에서 어떻게 나오는구나!' 바로 연결되지요. 인성교육한다고 성적 떨어질까 불안해했는데, 오히려 성적이 막 올라가니까 아이들도 놀라고 선생님도 놀라고 학부모도 놀랐어요.

종합적인 것이란 전체를 요약해내는 능력이지요. 교과서를 보면 전체 목차가 있어서 목차를 보면 전체의 흐름이 파악되잖아요? 목차를 보면 전체 안에서 부분의 의미가 무엇인지 파악해나갈 수 있죠. 그것이 종합적인 사고력을 키워주는 방법이고요.

종합적 사고와 통합적 사고력은 좀 달라요. 종합적인 사고가 부분을 종합해내는 것, 전체를 종합적으로 요약해내는 능력이라고 본다면, 통합적 사고는 부분 부분들을 그 차원에서 바라보지 않고 더 높은 차원에서 통합해내는 거예요.

통합적 사고는 뭐냐? 우리 주위에 다양한 사물들이 있잖아요! 통합적 사고를 하는 사람들은 그 사물 전체를 포용할 수 있는 개념을 찾아요. 있다, 없다는 '존재'의 개념으로 전체를 통합해낼 수 있는 사고를 하는 것이지요. 통합적 사고를 하려면 명상을 해야 해요.

통합적 사고력과 본질 직관력은 같은 계통이지요. 본질 직관력이 있으면 통합적 사고력이 따라오겠지요. 통합적인 사고력을 키워주려면 아이들이 명상을 통해서 접근할 수밖에 없어요.

우리 학교는 인성교육 일환으로 매주 금요일에 명상을 하지요. 청소년 시기에 아주 깊은 명상으로 들어갈 수 있을까 조금 회의적일 수 있지만 그대로 계속해서 시도하고 있습니다.

학교에 영성을 심었더니

아이들에게 "나는 누구인가?"라고 질문을 던져보지요. 스스로 자기를 누구라고 생각하는지 한번 명상을 하고 써봐라 그러면 다양한 방법으로 자기를 표현합니다.

이름도 쓰고 성격도 쓰고 어떤 애들은 '아버지 아들이다' '할아버지 아들의 아들이다' 이런 장난도 하지만, '나는 나를 모른다' 이렇게 쓰는 애들도 있어요. 자기가 자기를 모른다는 사실을 아는 거죠. 대단한 자아인식이거든요.

그런 아이는 통합적 사고로 깊이 들어가는 아이라고 볼 수 있어요. 그런 것을 보면 우리가 청소년이라고 해서 무시할 게 아니다. 그 아이들 나름대로 깊이 있는 사고를 하고 나름대로 통합적인 사고를 끌어내는구나! 하는 생각이 들지요.

아이들이 축제할 때 토의하는 것을 보면 재밌어요. 우리 같은 어른들은 축제 목적이 무엇인가? 그 목적에 맞게 프로그램을 어떻게 구성할 것인가? 이렇게 풀어가잖아요.

그런데 아이들은 처음에는 이거 하자 저거 하자 막 혼란스럽게 펼쳐놔요. 그래도 아이들이 하는 대로 그냥 내버려두면 그 아이들이 그중에서 전체를 연결시킬 수 있는 줄기를 찾아내요. 그렇게 해서 나중에는 거꾸로 나무가 만들어지는 거예요.

우리는 뿌리부터 시작해서 줄기로 해서 나무를 그리고 아이들은 이파리부터 가지부터 그리지만 나중에 보면 뿌리를 찾아낸다는 거죠. 나중에 아이들이 그린 것을 보면 결국은 어른들이 그린 나무하고 별반 다르지 않으면서도 나름대로 창의적인 나무를 그려냅니다.

가톨릭 교육헌장의 핵심은 전인교육입니다. 전인적인 인간이란 인간을 구성하는 요소들이 균형 있게 계발된 성숙한 인간을 말합니다. 그런데 균형 있는 인간으로 계발하려면 영성이 중심이 되어야 합니다. 영성중심교육은 바로 아이들의 '의식'을 계발하는 거예요.

그것을 각 과목과 연결시킨다면, 윤리시간에는 윤리적인 개념이나 윤리적인 지식만을 가르치는 것이 아니라 윤리의식을 심어주고, 역사시간에는 역사적 사실만 전달하지 말고 역사적 사실에 입각해서 역사의식을 심어주어야 합니다.

역사의식을 가르쳐야만 아이들이 현상적으로 변화되는 사회를 올바르게 볼 수 있는, 전체 안에서 부분을 바라볼 수 있는 시각이 열리는 거죠. 과학시간에도 과학을 현상적인 차원에서 원리만 설명하지 않고 생명의식을 심어주고… 이렇게 하면 단순히 지식만 전달하지 않고 그 지식 안에 내포되어 있는 의식을 심어줄 수 있는 전인교육이 가능하다고 생각합니다.

교사와 학생 간에 신뢰가 형성되면 생활지도도 어렵지 않아요. 선생님들도 아이들도 서로 요구할 사항을 교환합니다. 서로 받아들일 수 없는 것만 놓고 학생대표와 교사대표가 합의될 때까지 토론을 합니다.

학생들 요구사항 중에 '선생님들한테 담배냄새가 많이 나서 싫다' 이런 것도 있었어요. 그래서 선생님들이 담배 피우고 나서 꼭 양치질하고 수업에 들어갑니다.

한번은 학교규정은 5cm 스포츠머리였는데, 아이들은 상고머리를 요구했어요. 도저히 합의가 안되는 거예요. 결국 귀 중간

상고머리로 합의가 됐어요. 아이들이 신이 났지요. 합의문이 발표되면 학교규칙이 되는 겁니다.

나는 합의문을 존중해주지만 학생들이 그 선택에 책임을 지도록 "자율에 맡기되 합의문대로 실천 안하면 제재하겠다"고 확실히 못을 박습니다. 어기면 지도카드를 끊죠. 학생들도 규칙을 지켜야 자율성이 확대되니까 더 잘하게 됩니다.

1996년도 입학생들을 대상으로 조사한 데이터가 있어요. 3월에 전국단위 모의고사를 봤는데, 그때 전국 상위 10퍼센트 안에 드는 아이들이 16명이었어요. 다른 학교와 비교를 해봤어요. Y고등학교가 33명, K고등학교 50명, D고등학교 72명, T고등학교 87명, 그렇게 출발을 했어요.

우리는 월요일부터 금요일까지만 수업하고 매주 토요일은 인성교육을 했고, 교육프로그램도 파일식 교육으로 혁신을 했어요. 6월에 모의고사를 봤더니 상위 10퍼센트 아이가 30명으로 늘었어요.

다른 학교는 그 숫자가 같거나 한두 명 왔다갔다하는 정도였는데 우리는 3개월 만에 거의 배가 늘어나니까 선생님들이 얼마나 놀랐겠어요. 그 해 10월, 11월에는 우리가 50명이 됐고요. 2학년 1학기 말에는 70명, 3학년 졸업할 때는 85명까지 올라간 거예요. 그러니까 3년 만에 16명에서 85명으로 올라간 거지요.

그러다가 저는 2002년도에 해외연수차 학교를 떠났어요. 저는 인성이 바탕이 되어야 학력이 올라간다는 철학으로 학교를 운영해왔는데, 제가 학교를 떠난 후에 보니까 인성교육은 형식화되어가고 학력중심으로 학교가 운영되는 듯 보였어요. 그런데 희한하게 아이들 성격은 떨어지고 있었지요.

주일학교도 변화되더라

　해외연수 다녀와서 잠시 대전교구의 본당신부를 하는데, 본당의 청소년교육이 제대로 이루어지고 있지 않았어요. 주일학교에 아이들이 잘 모이지도 않고 시험기간이면 성당이 텅텅 비어요. 아이들이 제멋대로 떠들고 장난치니까 교리교사들은 나름대로 아이들을 재미있게 하려고 교리나 성서내용이 아닌 자기 개인적인 얘기를 많이 하게 되지요.

　그래서 한편으로는 아이들이 교리교사 얘기를 열심히 듣지 않는 것이 다행이구나 생각했어요. 아이들이 선생님의 개인 생각을 그대로 진리로 받아들이면 큰일이잖아요.

교리교육을 살리려면 학부모들이 자녀들을 성당에 적극적으로 보내줘야 하는데 어떻게 해야 할까? 어떻게 하면 부모들을 움직일 수 있을까 많이 고민했어요.

그때 '교리공부를 잘하면 학교공부에도 도움이 된다는 인식이 생기면 부모님도 아이들을 성당에 보내겠구나!' 하고 생각했죠. 그래서 교리교육을 전인적인 성장을 위한 프로그램으로 만들겠다고 방향을 잡았어요.

그렇게 해서 Physical신체적, Emotional정서적, Spiritual영성적, Study/Service지적/봉사적의 이니셜을 딴 PESS 프로그램으로 발전되었어요.

초등학교 3학년까지는 그냥 친구들과 어울리는 재미에 성당에 올 수 있지만 4학년쯤 되면 의미를 찾아요. '내가 성당에 가서 뭐한 거지?' 의미가 없다고 여겨지면 혼자 공부하는 게 더 낫다고 생각하고 성당을 기피할 수 있어요.

아이들에게 의미를 심어주려면 교리시간이 자기 생각을 표현할 수 있는 장이 되어야 해요. '나도 내 삶을 표현했다'고 느껴야 아이들이 성당에 오는 의미를 찾을 수 있어요.

교리공부 방식을 교사 중심에서 아이들 중심으로 바꾸어 봤어요. 아이들을 통제하려면 교사 한 명이 맡는 아이는 다섯 명

이내여야 되는데 대학생들만으로는 교사가 부족하니까 성당 일에 적극적인 어머니들을 교사로 뽑았어요.

다섯 명 이내 소그룹을 지어서 성서를 읽고 묵상하고 아이들이 묵상한 느낌을 정직하게 표현하고 기록하게 했어요.

그때 한참 논술이 부각됐잖아요? '생각하게 하고, 생각을 표현하게 하고, 그 표현을 서로 나누자' 이게 논술이에요. 성서 묵상한 것을 글로 쓰고 서로 나누고, 나눈 이야기를 다시 또 글로 쓰고… 이렇게 논술과 연결시켜서 교리교육시스템을 바꾼 것이 PESS 프로그램이었어요.

시대의 흐름을 그리스도의 삶과 말씀에 투영시켜서 바라보면 올바른 방향설정을 할 수가 있어요.

제가 부임한 성당은 바로 그 전 해에 본당건물이 준공돼서 성당의 겉모습은 되어 있었어요. 그래서 나는 '마음의 성당'을 짓는 일에 주력하자 결심하고 매일 아침저녁 미사 때 영성과 관련한 성서묵상 강론으로 준비했어요. 그러면서 시대의 징표가 무엇일까를 매일매일 살폈지요.

그때 매스컴에서 매일 청소년문제를 다루고 있었고 신자들 중에 학부모들이 많으니까 자녀교육에 관심들이 컸지요. 부임해서 6개월 지난 뒤에 사목의 방향을 청소년문제부터 시작하자는 생각으로 '자녀교육 어떻게 할 것인가?'라는 주제로 강의를 했어요. 내가 고등학교 교장 출신이니까 교육전문가라고 생각했는지 성당이 꽉 찼어요. 3분의 1은 신자가 아닌 그 지역 사람들이었어요. 그때 처음으로 PESS 프로그램을 구상해서 1시간 동안 쭉 설명을 했더니 상당히 반응이 좋았어요. 그런 방법으로 주일학교를 하겠다고 하니까 개신교 신자들, 신자가 아닌 분들도 주일학교에 올 정도였으니까요.

이 프로그램이 성공하려면 교사와 학부모가 함께 노력해야 돼요. 그리고 선생님이 아이들한테 신뢰를 얻어야 돼요. 작은 일이라도 약속을 꼭 지켜야 돼요.

처음에 대학생들을 교리교사로 양성했더니 책임감이 약해요. 개인적인 일이 생기면 옆 친구에게 우리 반 애들도 해달라고 떠넘겨요. 그러면 한 교사가 맡는 아이가 다섯 명이 아니라 열 명이 되는 거예요.

아이들이 처음에는 흥미있게 하다가 선생님이 신뢰를 안 지키니까 흥미를 잃게 되는 거예요. 거기에서 시행착오가 있었어요. 그래서 '어머니들을 교육시켜서 책임감 있게 해야겠구나' 하고 어머니들에게 교사를 맡겼더니 정말 효과가 있었어요.

꼴찌로 들어와
일등한 아이

PESS를 아세요?

2006년에 대건고 교장으로 다시 부임해서 전에 했던 인성
교육과 학력신장의 교육목표를 'P·E·S·S의 조화'로 정하고
PESS 프로그램에 맞게 재구조화했지요. 방학기간을 활용하여
선생님들과 워크샵을 했어요. 그때부터 아이들도, 선생님들도
인식이 조금씩 바뀌기 시작하더니 'PESS 프로그램이 정말 좋
은 거구나!' 생각하게 됐지요.

PESS 프로그램을 열심히 하고 선생님이 적극적으로 함께하
는 학급은 정말 분위기가 좋아요. 지금 우리 학교는 여섯 명이
한팀이 되어 6주간 우리 주변의 아주 쉬운 이야기, 보편적인 가

치가 담긴 내용들을 소재로 스스로 명상하고 느낀 점을 글로 쓰고 돌아가면서 얘기합니다. 여섯 명 중의 하나가 리더가 돼서 한 주 동안 이끌어가요. 다음 주에는 그 옆의 아이가 리더가 돼요. 그러면 6주 동안 여섯 명이 돌아가면서 리더를 한 번씩 하게 되잖아요? 6주 지나가면 팀을 새로 만들어요.

그리고 아이들은 PESS 프로그램 결과를 플래너에 기록해요. A학생은 뭐라고 했는지, B학생은 뭐라고 했는지, '아, 저 친구는 이렇게 생각하는구나' 하고 다른 친구가 한 이야기를 자기 플래너에 자기 글씨로 정리하는 거죠.

그런 식으로 1년이 지나고 나면 그 반 아이들은 전부 다 자기 팀에 한 번씩 있었던 애들이 되니까 다 친해집니다. 그러니까 그 학급 분위기가 얼마나 좋겠어요. 수업하기도 좋고요.

요즘 아이들 보면 인간관계를 할 줄 몰라요. 한번도 자기 내면을 제대로 표현해본 적도 없고, 친구 얘기를 귀담아들어 본 적도 없거든요. 그래서 내가 누구인지, 또 내 옆 사람은 누구인지, 그리고 너와 나의 관계는 무엇인지, 이런 3단계로 인간관계 교육을 3년 동안 꾸준히 합니다.

자연과의 관계도 중요하지요. 1학년 때는 토요일 하루를 잡아서 식물탐사를 하러 갑니다. 돋보기 하나씩 주고는 다 기록하게 해서 3년간 모았다가 졸업선물로 줄 책에 담습니다. 2학년 때는 갯벌탐사를 합니다. 갯벌에서 축구하고 점심 먹은 후 '환경운동 하는 분'과 '개발해야 한다는 분'을 다 불러 강의를 듣습니다. 서로 다른 입장에서 생각해볼 수 있게 하는 거지요.

교사 중 능력과 품성을 갖춘 학년부장을 엄선하여 가치관 교육, 인간관계 교육을 주도하게 합니다. 학년부장은 자신의 교육관을 완전히 펼쳐갈 수 있어 성취감을 느끼지요.

한 3년쯤 되니까 정착이 되어서 이제는 교사들도 정말 좋은 프로그램이라는 것을 알게 됐지요. 1995년도에 내가 교장 되고 나서 선생님들한테 과목마다 파일식 자료를 만들게 해서 4년간을 내가 직접 파일을 체크했어요. 그러니까 아이들 성적이 많이 향상됐어요.

그런데 2002년도에 학교를 떠났다가 2006년에 돌아와 보니, 많은 선생님들이 옛날 그 자료를 그대로 쓰고 있더라고요. 더 이상 노력을 안했다는 얘기죠. 그래서 선생님들에게 다시 만들 것을 부탁하고 학교 전체에 PESS 프로그램을 도입해 시스템을 다시 정비하고 새롭게 정리하는데 1년 정도 걸렸어요.

학교에서 선생님들이 인성 프로그램을 직접 기획하고 실행하기에는 일이 많고 어렵지요. 그래서 PESS연구소에서 프로그램

을 만들어서 홈페이지www.pess.or.kr에 띄워주고, 일선 학교에서
는 다운만 받아서 쓰도록 적용하기 쉽게 만들었어요. 회비도 없
고 그냥 기본교육만 받으면 자기 고유번호로 접속해서 자유롭
게 자료를 활용할 수 있도록 한 겁니다.

그러니까 선생님들이 할 일은 별로 없어요. 플래너 쓰는 방법
만 애들한테 알려주고 자료를 다운 받아서 나눠주고, 그룹끼리
자기 생각을 서로 나누게 하면 돼요.

전국에서 한 5~6천 명 정도가 PESS 플래너를 쓰고 있어요.
그리고 일반학교와 성당 주일학교를 대상으로 PESS 기초교육
을 받은 사람이 한 2천여 명쯤 돼요. 우리 학교에서 1년에 일곱
차례 정도 PESS 기초교육을 해주는데 전국 각지에서 선생님들
이 오셔요.

PESS 기초교육은 하루과정이에요. PESS 전인교육에 대
한 이론이 한 시간 반, 플래너 쓰는 방법에 대한 강의 한 시
간, 오후에는 우리 학교 뒷동산에서 자연과 함께하는 프로그램
30~40분하고 인간관계 EQ 프로그램을 설명하고 시연합니다.

PESS 기초교육을 받으면 수료증과 고유번호를 줘요. 그러면
연구소 홈페이지 들어가서 회원가입하고 고유번호를 받지요.
고유번호만 있으면 자료를 다운 받을 수 있으니까 그걸 학생들

한테 주기만 하면 PESS 교육이 되는 거예요. 프로그램이 다 만들어져 있으니 선생님들은 쉽죠.

PESS 자료들은 한국어와 영어로 동시에 같이 띄워줘요. 영어 동아리를 지도하는 선생님이 영어 지문을 애들한테 나눠줘요. 그걸 읽고 명상하고 명상내용을 영어로 쓰는 거죠. 플래너에다 영어로 쓰고 서로 영어로 대화 나누고. 그렇게 운영하는 선생님도 있어요. 또 천안여상, 원주의 진광고처럼 우리와 똑같이 운영하는 학교도 있고요.

우리 학교는 금요일 7, 8교시가 PESS 시간입니다. 다른 학교는 토요일까지도 다 학과공부만 하는데 우리는 금요일 7, 8교시에 PESS 프로그램을 하고 토요일은 인성교육만 합니다.

다른 학교는 '방과 후 학교'라고 해서 정상수업 끝나고 저녁 시간 전에 국영수 중심으로 보충수업을 2시간 정도 하지만 우리는 토요일 수업까지도 월요일에서 목요일에 나눠서 해야 하기 때문에 평일에 보충수업 할 시간이 많지 않아요. 그래서 우리 학교는 수업 한 시간 한 시간을 아주 알차게 진행하지 않으면 성적을 올릴 수가 없어요.

너 논술 어디서 배웠냐

2006년도에 다시 학교로 왔을 때 논술이 이슈가 되고 있었는데 학교에서는 아무 대책이 없는 겁니다. 도시 아이들은 학원이라도 가지만 우리는 학원도 못 가니까 아이들이 불안해서 전학도 가고 그랬어요.

나들 대안을 찾지 못하고 있어서 그 해 2월에 선생님들을 데리고 서울로 올라가서 논술 아카데미를 운영하고 있는 서한샘 박사를 만나 논술이라는 게 뭔지, 논술을 어떻게 지도해야 하는 건지 얘기를 듣고 배워왔어요.

선생님들하고 오후 내내 강의 듣고 저녁식사 같이하고, 같이 여관 가서 자고 다음 날 강의 듣고 토론하고 또 저녁식사 같이 했어요. 서울대, 연대, 고대, 주요 대학 입학처장실에도 가서 정보를 얻어왔어요. 3월 개학 때부터는 9월까지 매주 토요일마다 서울 논술아카데미에 우리 선생님들을 보냈어요. 그 교육시키는데 4천만 원을 투자했어요.

우선 내가 개인돈 천만 원을 내고, 동창회장에게서 천만 원을 지원받았지요. 신부가 천만 원 냈다는데 동창회장이 안낼 수 없잖아요. 그리고 논산지역 동문들에게 천만 원, 학부모한테도 천만 원 그래서 4천만 원을 만들었지요.

선생님들에게 출장비, 교육비 다 주고 "서울 가서 배워와라. 자격증 따와라" 했지요. 주말마다 밤늦게까지 배우고, 학교에 와서 애들 직접 가르치면서 노하우가 쌓인 거죠.

재작년에는 성적이 좋고 경제적 여유가 있는 아이들은 학교 선생님들이 못 미더웠는지 수능 끝난 다음에 대부분 논술학원으로 갔어요. 그리고 남은 아이들끼리 학교에서 선생님들하고 같이했어요. 그런데 학원간 애들은 떨어지고 학교에서 우리 선생님들이 지도한 애들이 붙은 거예요.

학원 간 애들은 왜 떨어졌는지 그게 미스터리였죠. 학교에서 논술 공부한 아이들이 며칠 사이에 일취월장한 것도 아닐 텐데 말입니다. 그런데 얼마 전 그 이유를 알았어요. 학원에서 논술 시험을 보고 난 후에 우리 아이들이 쓴 논술을 모델 답안이라 하면서 복사해서 다른 학생들에게 나누어주었다는 거예요. 우리 아이들 논술이 복사되면서 그 아이의 독창성이 학원의 모범 답안이 되고 만 겁니다.

거기 학원선생님이 "너 논술 어디에서 배웠냐? 시골학교 출신인데?" 학교에서 배웠다고 했더니 "그것까지 해주는 학교가 있냐?" 그러더래요.

학원강의는 수능 끝나고 몇 주 동안 시험에 나올만한 이슈가 되는 것들을 선별해서 논술 샘플을 만들고 달달달 외워서 쓰게 만드는 거예요. 그러니까 대학의 논술채점자들이 이 아이는 어느 학원 출신이구나 하는 정도까지 안대요.

글만 보면 이 아이는 학교에서 했구나, 학원에서 했구나 다 알 수 있다는 거예요. 그래서 대학들은 학원식 논술답안지는 일단 제쳐놓고 학원식 논술이 아닌 것을 고르고, 부족하면 이쪽 것 중에서 괜찮은 것을 넣는 식으로 하나 봐요. 그러다 보니까 오히려 학교에서 한 애들이 유리했던 거예요. 자신의 독창적인 것이 살아있었을 테니까요.

우리 학교는 논술을 '학교에서 배운 과학적 또는 사회적인 개

념과 원리를 가지고 사회현상이나 자연현상을 설명하는 것'으
로 정의하고 수업도 논술식 수업으로 했어요.

예를 들어 사회과목은 관련된 사회현상이나 이슈가 되는 문
제들을 사회적 입장, 경제적 입장에서 개념을 갖고 이해하고 설
명하는 거잖아요. 논술공부를 시킬 때는 사회만 가르치지 않고
국어와 사회를 연결시키고 과학은 수학 과학 국어를 연결시켜
서 종합적으로 아이들을 지도해요. 선생님들이 실제로 아이들
을 지도하면서 노하우가 쌓이고 자신감이 생겼어요. 작년에는
그런 방향으로 지도를 했더니 결과가 좋았어요.

명상을 통해 생각이 깊어지고 나눔을 통해 생각이 확대되니
까 논술에 도움이 되지요. 우리는 모든 선생님들이 다 논술을
가르쳐요.

2007년에 청암상을 받을 때 심사위원들이 열두 분이나 왔어
요. 두 시간 반을 청문회 하듯이 묻더라고요.

우리가 낸 자료를 다 보고 프로그램을 어떻게 진행했고 어떤
결과가 나타났고, 장차 어떻게 전파시킬 생각이냐? 그런데 그
때 우리는 이미 PESS연구소를 통해서 프로그램을 공유하고 있
었으니까 심사기준에 과거 현재 미래가 딱 맞은 거예요. 우리
학교를 방문한 선생님들한테는 프로그램을 달라는 대로 그냥

다 줘요.

알고 봤더니 1995년부터 교육부, 청와대에서 우리 학교를 계속 모니터링을 해왔더라고요. 지금도 정말 잘하는지 못하는지 보이지 않게 계속 모니터링을 받고 있어요.

그렇게 모니터링을 해왔던 분이 나한테 "이런 상이 있는데 내가 볼 때는 대건학교가 적임자 같다. 내봐라" 하고 알려준 거예요. 그래서 부랴부랴 자료를 냈는데 우리 학교가 받게 된 거죠.

꼴찌로 들어와 일등한 아이

우리 학교 1학년은 60퍼센트 이상이 2등급 안에 들어 있어요. 3등급까지 하면 거의 91퍼센트죠. 이런 아이들의 성적을 끌어올려야 하니까 옛날 프로그램 그대로는 안돼요.

각 과목 선생님들이 교과서 중심으로 자료를 종합해서 단원, 내용, 키워드, 요약을 스스로 할 수 있도록 만들었어요. 키워드만 보면 이 내용이 뭔지 알 수 있게 정리하고, 전체 내용을 한두 문장으로 요약하도록 했고요. 그 요약된 내용을 반복해서 보게 하지요. 새로운 자료가 생기면 그 내용에 맞는 단원 사이에 끼워넣어 정리하도록 합니다.

이것을 3학년 1학기 때까지 수없이 반복해서 보게 되면 축적된 자료가 많아도 두려움이 없어져요. 시험보기 전에 전체를 총정리하고 시험을 보도록 하지요. 그렇게 해야 실력이 늘지 실전 문제집 한두 권 풀었다고 아이들 성적이 올라가지 않아요.

문제가 딱 나왔을 때 '아 이거는 몇 쪽, 어느 부분에 있는 내용이고 어느 부분과 연결된 문제구나' 하면서 전체적이고 종합적인 맥을 잡아야 문제를 한눈에 볼 수 있고 난이도 높은 문제도 풀 수 있어요.

수시로 선생님들과 교과협의회를 합니다. 그렇게 계속 파일식 교육자료를 점검하다 보면 모든 과목의 1년치 교육자료 파일이 다 만들어지지요. 단원마다 성취도 문제, 기출문제를 점검하고요. 모의고사에서 아이들이 많이 틀린 문제를 관련된 단원에 끼워넣도록 합니다. 오답 노트 같은 것이죠.

그렇게 해서 전체 단원이 축적되고 아이들이 열 번이고 백 번이고 그것만 반복해서 보면 전체적인 맥을 다 잡을 수 있어요.

저는 학교 다닐 때 공부를 잘 못했어요. 우리가 학교 다닐 때 공부 잘하는 사람들은 단원마다 서론 본론 결론을 달달 외워서 점수를 잘 받았지만, 나는 전체만 좍 파악하고 있으니까 어떤 문제가 나와도 답은 쓰지만 서론 본론 해서 완벽하게 쓰진 못하니까 좋은 점수 못 받지요. 나 같은 경우는 지금 시대에 더 맞는데… 그런데 외워서 시험 보는 친구는 시험 치면서 다 잊어버리지만 나는 시험 끝나도 안 잊어버려요. 서양철학사의 전체 흐름이 지금도 대학교 때 배웠던 그대로 머리에 남아 있어요.

이렇게 전체적인 맥을 잡아서 공부한 우리 아이들이 성취도가 높아요. 예를 들면 H고등학교는 충남에서 상위 1퍼센트 아이들이 모이는 곳이에요. 각 중학교에서 독보적으로 1등을 해야 들어갈 수 있는 학교이고, 거의 서울지역 외고에 근접하는 수준이지요. 그다음이 K사대부고예요.

지금 우리 학교 1학년 중에서 K사대부고에 원서 냈을 때 합격할 수 있는 아이는 한 열다섯 명 정도이고, H고등학교는 한 명도 안 될 것 같아요.

그런데 파일식 교육시스템으로 1년 정도 공부하면 우리 학교 상위 30퍼센트 아이들 평균이 K사대부고 전체 평균보다 높아요. 이과는 우리가 무려 10점이나 높아요. 그리고 3학년이 되면 H고등학교 전체 평균과 우리 학교 상위 30퍼센트 평균과 별 차이가 없어요. 그러니까 상당히 성취도가 높은 거죠. 2006년에 서울대, 연대, 고대에 서른일곱 명이 들어갔어요.

대건학교에 거의 꼴찌로 들어왔다가 1등 한 아이도 있어요.

거의 밑바닥이었는데, 여기 와서 공부하는 방법을 터득하니까 점핑하더라고요. 그 친구는 서울대 갔지요. 매년 그런 애들이 몇 명씩 나타나는데, 문리가 탁 트이면 점핑해요.

조금씩 조금씩 나아가는 학생이 있는가 하면 1, 2학년 때는 별로 잘하지 못하다가 3학년 때 갑자기 어느 순간 점핑하는데, 그런 아이들은 깊게 공부하는 애들이에요. 수학문제 하나 가지고도 하루 이틀 고민하는 아이들이지요. 머리 좋아도 얕게 공부하는 애들은 점수는 금방 올라가도 고득점은 안 나오지요.

그런데 극상위까지 올리는 것은 스터디그룹으로 가능하더라고요. 3학년 때는 스터디그룹을 지어서 공부를 하는데 스터디그룹 수준이 높아서 선생님들도 모르는 문제를 애들이 풀고 있어요. 종합적인 지문이 나오잖아요? 문과선생님들은 과학과 관련된 질문이 나오면 잘 몰라요. 선생님은 어렵다는데 애들은 쉬워해요. 아이들은 전 과목을 알고 선생님은 자기 과목만 아니까 아이들이 더 나을 수밖에 없어요.

선생님이 시키지 않아도 자기들이 알아서 자연스럽게 그룹을 만들면 교사들은 서포팅을 해주는 거예요. "선생님, 자료 좀 주세요!" 그래서 딱 주면 "이거 다 했는데요!" 아이들이 공부할 자료가 동이 날 지경이에요. 나중에는 대학교 자료를 구해다 주었어요. 인성교육 하면서도 애들 성적이 쑥쑥 올라가니까 선생님들이 얼마나 신났겠어요.

수학, 과학은 아주 깊이 들어가서 대학수학까지 공부해요. 그러니까 여기서 스터디했던 아이들이 카이스트 가서는 과학고나 영재고 아이들을 따라잡아 1등을 하기도 합니다. 과기대에 진학한 출신고교별 평균성적에서도 대번에 1등 했잖아요.

다른 학교는 서로 경쟁만 하다 보니까 자기 노트를 빌려주지도 않고 가르쳐주지도 않는데, 우리 애들은 누가 물어보면 너무너무 잘 가르쳐줘요. 모르면 친구한테 가서 "이거 어떻게 하나?" 그러면 애들이 다 설명해줘요. 인성교육의 힘이죠.

우리 아이들은 6개월만 지나면 다른 학교 아이들과 대화가 안 된대요. 대학에 가서도 고등학교 동창들을 만나면 재미있는데, 다른 학교 출신 아이들을 만나면 "아직도 애기 같다" 그렇게 표현해요. 생각들이 천편일률적이래요. 머릿속 지식수준은 비슷할 텐데 '의식수준'은 전혀 다른 거예요.

우리 아이들은 다양한 인성교육 프로그램을 통해서 많은 경험을 하고 그 경험을 바탕으로 의식이 계발되었으니까 대학에 가서 어떤 행사를 하더라도 리더를 한대요.

요새는 대학의 입학처장들이 우리 아이들을 자기 대학에 보

내달라고 학교까지 찾아옵니다. 우리 아이들이 자기 주도적 학
습능력이 있으니까 확실히 다른 애들하고 많이 차이가 나나 봐
요.

교육도 리듬이 중요하다

교육education이란 라틴어의 educare라는 동사에서 연유하는데, 이는 '끄집어내다', '이끌어내다'라는 의미를 담고 있다고 합니다. 이처럼 지적인 계발은 아이들로 하여금 자신의 잠재능력을 스스로 끄집어낼 수 있도록 자극을 주고 조건을 만들어주는 것이 중요하지 않을까 합니다.

연간 교육계획을 세울 때 학습부분 프로그램 하나하나가 아이들의 정서와 리듬에 맞도록 해요. 사실 그것만 잘해도 성적이 올라가요. 학교행사가 아이들 리듬을 툭툭 끊어놓는 경우가 있어요. 생각 없이 프로그램을 만들면 그래요.

그런데 우리 학교 프로그램은 리듬이 있어요. 물론 우리 학교도 시행착오가 있었죠. 5월에 축제를 했는데 축제기간은 이틀밖에 안되지만 아이들이 축제 전까지 연습하고 끝난 다음에 그 여파까지 있으니까 정말 공부하기 좋은 5월 한 달을 축제에 신경 쓰느라 다 날려버리더라고요.

그래서 그다음부터 7월 초 시험 끝나는 수목금 사흘간 축제를 하고 토요일부터 방학에 들어갑니다. 기말시험 끝나고는 날도 덥고 공부도 잘 안될 때예요. 그때도 정상수업은 다 하고 또 아홉 시까지 자율학습도 해요. 그다음에 열두 시까지 축제준비를 합니다. 그러면 아이들이 더운 줄도 모르고 신나게 준비하지요.

그 기간에는 봉사단이 만들어져 아이들이 축제준비하면서 어지럽힌 것들을 싹 청소합니다. 아침에 와 보면 축제준비한 흔적이 전혀 없는 거예요. 수업은 정상적으로 쫙 이루어지지요.

자원봉사학생들이 얼마나 대단하냐면 축제 마지막 날 캠프파이어 하잖아요? 그러면 자기들도 축제 보고 싶을 거 아니에요. 그래도 교문 지키는 아이는 교문 딱 지키고 서 있습니다. 놀라워요. 자기가 맡았다고 그 자리를 지키고 있다니까요. 안내, 주차 이런 역할을 다합니다.

보통 축제하는 학교 가보면 지저분하잖아요. 그런데 우리 학교는 축제기간 중에도 자원봉사자들이 조끼 입고 수시로 돌아다니면서 쓰레기를 다 주워요. 그래서 깨끗한 환경에서 축제가 이루어집니다.

선생님들 할 일이 별로 없어요. 아이들을 도와주기만 하면 돼요. 친구들이 축제를 잘할 수 있도록 봉사해주는 아이들의 자부심도 얼마나 큰지 몰라요. 그래서 끝나고 나면 내가 그 아이들 밥도 사주고 격려해줍니다.

선생님들의 일차적인 역할은 여러 가지 자극이나 조건들을 제시하면서 아이들의 잠재능력을 이끌어내는 역할이겠지요. 그러기 위해서는 우선 교사와 학생 간의 인격적인 관계설정이 중요해요. 인격적인 관계설정을 통한 신뢰가 되어 있지 않으면 선생님의 말을 귀담아듣지 않기 때문이지요.

그리고 심도 있는 수업준비와 열정이 중요하다고 봅니다. 그래서 판서할 내용을 파일 자료로 제공하고 설명함으로써 판서와 필기하는 시간에 토론 중심으로 수업을 진행합니다. 그래서 인성교육과 지식교육은 함께 가야 하는 것입니다.

그다음에 선생님들이 3년 동안 이루어지는 교육내용을 충분히 인지하고 있어야 합니다. 그래야만 프로그램들이 중복되어 제공되지 않아요. 같은 프로그램들은 여러 선생님들이 중복하여 진행하면 선생님들에 대한 신뢰뿐만 아니라 학교 운영 시스템에 대한 신뢰가 무너지게 됩니다.

그리고 학생 자율적으로 운영되는 여러 프로그램들이 있는데 그런 경우 선생님들의 지나친 간섭보다는 지켜봐 주고 기다려 주는 것이 좋겠지요. 그래야만 그들 나름대로의 창의적인 발상을 하게 되니까요.

아이들이 실수하더라도 잘못하는 모습 그대로 노출시키도록 합니다. 실수를 통해서 스스로 배우도록 하지요. 그렇게 하면 처음에는 잘못하다가도 시간이 지나면서 내 역할을 내가 안하면 안된다는 것을 알아서 척척 하게 되지요.

인성교육하는 학교로 많이 알려져서 이제는 대건학교 나왔다는 것만으로도 프리미엄이 있습니다. 대건학교 출신 한 명이 수도권의 큰 교회에 목사 원서를 낸 적이 있어요. 상당히 큰 교회니까 경쟁률도 셌지요. 합격했는데 아무리 생각해봐도 대건학교 나왔다는 것밖에는 이유가 없다는 거예요.

면접하는데 "고등학교 어디 나왔나?" 하고 물어서 "예, 논산대건고등학교 나왔습니다" "어, 그 학교 인성교육 하는 학교지!" 그 얘기만 했다는 거예요. 합격한 것은 인성교육 덕분이라고 나한테 정말 고맙다고 이메일을 보내왔어요.

사회에 나가서 아이들이 어떻게 평가받는지 구체적으로 파악해보지 않았습니다. 하지만 대학에서 리더를 했던 사람이 자연스럽게 사회에서 리더가 되는 것을 보면 앞으로 우리 학교 출신들 중에서 많은 인재들이 나올 것은 분명합니다.

아이들이 보편적인 가치관을 갖고 세상을 바라보며 판단하고, 자기가 무슨 일을 하든지 간에 원칙을 지키면서 살아갈 수 있으면 그 아이가 리더가 되고 성공할 수 있지 않겠어요? 그래서 나는 졸업생들에게 원칙중심의 삶을 살아야 된다는 것을 항상 강조합니다.

"먼 훗날 너에게 국가적인 혹은 세계적인 임무를 맡을 자리가 주어졌을 때 네가 원칙중심으로 살았으면 그것이 네 것이지만 네가 원칙을 지키지 않았으면 너한테 기회가 왔다고 하더라도 네 것이 아니다. 그러니까 원칙을 지키며 살아라" 하고 강조해요.

요즘은 매스컴이, 인터넷이 다 검증하잖아요. 과거 자신의 부정이나 비리가 나온다든가 어떤 문제에 적당히 타협했다든가 이러면 장관 자리도 자기 것이 아니잖아요.

물질만 따라 살아가는 애들, 쉽게 타협하고 요령 피우고 술수만 부리는 애들이 많은 세상에서 원칙을 지키는 아이가 있다면 그 아이가 이 사회의 리더가 되지 않겠는가! 원칙을 지키다보면 한순간 아픔도 있을 수 있겠지만 결국은 진리가 승리하는 거니까요. 우리 사회가 점점 더 그렇게 바뀌어가고 있어요.

교육, 영성만이 답이다

교수보다 의식 높은 학생

저는 우리 학교 프로그램이 많이 확산이 돼서 국가적인 차원에서 시스템화되면 좋겠다는 바람이 있습니다. 그렇게 되려면 먼저 대학에서 아이들을 뽑을 때 제대로 선발해야 돼요.

그런데 지금 대학에서는 지식만 갖고 아이들을 평가하니까 그게 문제잖아요. 그렇게 평가하는 한 중고등학교 교육이 안 바뀐다는 거예요. 지식 중심으로 주입식으로 갈 수밖에 없다는 것이죠.

어느 대학이나 훌륭한 학생을 뽑고 싶잖아요. 그러면 어떤 학생이 훌륭한 학생이냐? 대학에서 좋은 학생이라고 하는 것은 지식수준도 높아야겠지만 학원 안 다녀도 누구한테 의존하지 않고 스스로 종합적으로 정리할 수 있고 통합해내는 능력, 곧 자기 주도적으로 학습을 할 수 있는 능력이 있는지를 봐야죠. 그리고 의식수준, 자연에 대한 관점, 가치관, 역사의식을 봐야죠.

"네가 그동안 어떤 책을 읽었느냐? 책을 읽은 것 중에 감명받은 것이 무엇이냐? 왜 감명받았다고 생각하느냐? 그것이 네 인생에 어떤 의미가 있다고 생각하느냐? 그것이 바탕이 된다면 네 인생을 어떻게 펼쳐나갈 수 있겠느냐?"

면접 때 이런 것을 물어보면 그 아이 의식수준을 알 수 있거든요. 존재의식, 직관의식까지는 못 가더라도 역사의식, 윤리의식, 생명의식까지는 아이들한테 물을 수 있습니다. 대학에서 그런 것을 물어서 이 아이가 참 훌륭한 아이구나, 그렇지 못한 아이구나 판단하고 선발해야만 고등학교에서 그 아이를 가르치는 방법이 달라지겠죠.

하지만 아이들의 의식수준을 높여주는 것, 그것이 내가 할 수 있는 한도지요. 내가 맡은 아이들을 잘 가르쳐서 대학에 보내고, 그렇게 보낸 아이들이 대학생활 잘하도록 하는 것이 제가 할 수 있는 한계에요.

그 일에 충실했을 뿐인데 대학교수들이 "대건학교에서 어떤 교육을 하는데 이렇게 달라졌습니까?" 하고 물어옵니다. 요즘 각 대학교 입학사정관들의 모임에서 우리 학교 프로그램을 설명해달라고 부탁하는 정도가 됐어요.

입학사정관 모임을 주최하는 Y대 입학사정관이 우리 학교 입시담당 선생님한테 전화를 걸어 묻길래 "우리는 교장선생님이 이 프로그램 다 만들고 진행하고 있다" 했더니 "교장선생님이 그런 것도 해요?" 그러더래요. 선생님이 "왜 우리 학교를 선정했어요?" 물어봤대요.

그랬더니 대학 입학할 때 우리 아이들 자료가 한 박스씩 돼서 그걸 유심히 봤더니 대건학교는 뭔가 다르더래요. 그래서 대건학교 출신 대학재학생들을 조사해봤더니 학교생활도 공부도 잘하고, 아주 모범적이어서 우리 학교를 선정했다고 하더라고요.

고등학교 교육의 모델을 우리한테 찾으려고 하는 거지요. 그 입학사정관 모임에 20여 개 상위권 주요 대학들이 다 참석하더라고요. 그러니까 대건학교가 1,500개 일반고등학교의 대표로 그 모임에 참석하게 된 거지요.

아직 그분들도 우리 학교 프로그램이 일반학교들과는 다르구나 하는 정도만 알지, 그게 어떤 철학에 입각해서 어떻게 진행하는 건지는 모르죠. 이번에 참석해서 그런 얘기를 좀 하면 우리 학교에 대한 인식이 확고해지겠지요. 그러면 우리학교 아이들한테도 도움이 되겠지만, 대학에서 학생을 선발하는 기준을 잡는데 도움이 되지 않을까 싶어요.

국가적인 차원에서 공교육을 정상화한다고 하는데 공교육이 정상화되려면 교육의 본질에 입각해서 해야 돼요. '개혁'이 뭐냐? 본질로 돌아가는 거예요. '혁신'은 본질에 바탕을 두고 보다 효율적으로 하는 방법을 찾는 것이고요.

내가 외국 갔다가 2006년에 돌아왔더니 정부에서 말끝마다 '혁신'을 주창하더라고요. 혁신경진대회가 있다면서 혁신위원이라는 분들이 우리 학교에 왔어요. 그래서 혁신이 뭐냐 물었더니 개념을 모르더라고요.

우리가 교회에서 개혁해야 된다고 말할 때는 교회의 본질, 그리스도의 삶으로 돌아가는 게 개혁이에요. 그리스도가 교회의 본질이니까 그리스도가 없으면 교회가 없는 거잖아요. 그렇듯이 교육개혁도 교육의 본질로 돌아가는 거예요. 그런데 교육의 본질에 바탕을 두지 않고 혁신한다? 그게 무슨 의미가 있어요. 애초부터 방향설정이 잘못되어 있는데 무턱대고 효율적으로만 하면 결국 어떻게 되겠어요?

우리가 교육은 왜 합니까? 우리는 아직 미숙한 인간이잖아요. 인간다운 인간, 전인적인 인간으로 성숙하게 하기 위해서 교육을 하는 거란 말이에요. 그게 교육의 본질이에요. 교육의 본질에 비추어서 현상의 문제, 교육적인 문제를 판단하면 그 판단은 정확해요. 누구든지 거부할 수 없어요.

공동체의 비전은 합의로 만들어가야 되는데 본질에 바탕을 두면 합의하기가 쉽지요. 뿌리에서부터 생명을 받아야 줄기를 통해서 가지로 연결돼서 열매를 맺는 거예요.

지금도 이 세상의 모든 학교, 모든 공동체에서 프로그램이 진행되고 있어요. 그런데 열매가 없어요. 생명이 흐르지 않아요. 왜 그러겠어요? 지금 우리나라 교육행정이 온통 '사교육비 절감'에 포커스를 두고 사교육비 절감하기 위해서 온갖 프로그램을 만들어내요. 그런데 몇 번 시도하고 말뿐 생명력이 없어요.

교육이 본질에 바탕을 두지 않으면 그것은 잘못된 판단이에요. 리더가 본질을 보지 못하면 국민은 고통받는 거예요. 공교육이 살아나면 사교육은 자연히 없어져요.

국가차원에서는 공교육을 정상화하는 것이 교육의 목표잖아요. 공교육이 정상화된다는 게 뭐냐? 바로 전인교육이에요. 일반학교에서 전인교육을 하게 하려면 대학이 생각을 바꾸면 돼요. 대학의 입학사정관들이 '어떤 학생을 좋은 학생으로 뽑을 거냐' 이것이 대단히 중요해요.

그러려면 입시생들에게 지식수준, 지적능력자기주도 학습능력, 의식수준 이 세 가지를 물으면 돼요. 지식수준이나 지적능력은 학교보다 학원이 더 강할 수 있어요. 그런데 의식수준 이 부분은 학원에서는 못하거든요. 그러니까 공교육을 정상화하려면 대학에서 입학사정관들이 이 세 가지를 물어야 하는 거예요.

지금처럼 지식수준만 물어서 아이들을 뽑는다면 입학사정관 제도는 실패할 겁니다. 입학사정관제가 성공하려면 반드시 의식수준을 평가할 수 있어야 합니다.

그런데 문제는 있어요. 의식수준을 묻는 것이 다분히 주관적이라서 그걸 객관화시킬 수 있느냐 하는 건데, 만약 이의를 제기하면 학생의 의식수준을 심사하는 과정을 다 녹화했다가 보여주면 되는 거예요. 아마 그런 과정을 보면 어떤 학생의 의식수준이 높은지 낮은지 누구든지 판단할 수 있을 거예요.

그런 과정이 복잡해서 하지 않는다고 한다면 우리나라 교육은 계속 사교육 시장이 주도할 수밖에 없을 겁니다.

교육개혁, 교육을 훼손하더라

과거 정부의 교육개혁은 교육의 본질에 비추어서 현상의 문제를 해결하려 하지 않고 사교육 절감만 얘기하니까 방향설정이 잘못되었던 거죠. 그런 잘못된 방향설정이 교육의 본질을 오히려 훼손하는 결과를 가져왔어요. 사교육을 없애는 데만 힘쓸 것이 아니라 교육의 본질에 입각한 목표를 설정하면 사교육은 자연스럽게 없어지는 거예요.

다시 강조하지만 현상적인 문제를 해결하려면 현상의 패러다임 가지고는 안된다는 거예요. 패러다임을 뛰어넘어 더 높은 차원에서 바라봐야 문제가 해결되는 거죠.

제가 몸담고 있는 학교 안에서는 어떤 교육적인 문제가 발생해도 해결방법이 보이고, 어렵지 않게 해결이 돼요. 그런데 이걸 국가적인 차원으로 확대시켜놓으면 답이 안 보여요. 단위 학교별로는 개혁이 가능한데 국가에서 획일적으로 똑같은 변화를 요구하기 때문에 답을 찾기가 어려워요.

지금 정부에서 하는 방법은 현상적으로 나타나는 교육의 문제를 현상적인 눈으로 바라보고 현상적인 답을 찾아서 적용하는 방식이란 말이에요. 하지만 답을 찾고 나서 답을 적용하는 그 1~2년 동안에 이미 현상은 바뀌어버려요. 그러니까 오히려 부작용만 생겨요. 일시적인 효과는 있을 수 있지만 상황이 바뀌면 해결방법이 될 수 없거든요.

그런 문제가 악순환 되다 보니 교육문제가 사회구조적인 문제가 되어버렸어요. 변화하지 않는 교육의 본질에 비추어서 문제들을 바라보면 현상을 올바르게 판단할 수 있는데 변화하는 현상을 보고 문제를 해결을 하려 하니까 늘 해결할 수 없는 상황에 빠지게 되지요. 방향설정 자체가 잘못되면 그 어떤 노력도 효과가 없는 거예요.

나무로 말하면 교육의 '본질'이 뿌리이고, 비전이나 목표가 줄기이고, 그 목표를 달성하기 위한 수단으로 만들어진 것이 여러 가지 교육프로그램들이잖아요. 그 프로그램들이 진행되면서 열매가 맺는 것이고요.

그런데 우리나라 교육시스템을 보면 '본질'에서 출발하지 않고 '비전'에서 출발해요. 비전은 본질에 바탕을 두지 않으면 생명력이 없거든요. 그러니까 지금도 양쪽으로 갈라져서 서로 비전만 갖고 싸우고 있는 거 아닙니까! 그 비전이 본질에 바탕을 두면 싸움이 이루어질 수가 없어요. 누구도 본질을 거부할 수는 없으니까요. 그리고 본질은 결국 SQ로 연결이 되지요.

지금 직장인, 생활인들의 목표가 돈이나 승진, 좋은 집과 좋은 차 같은 현상적인 것이어서 방향이 없으니까 굉장히 스트레스 쌓여서 사는 거예요. 영성이 없으니까요. 회사의 생명은 '신뢰' 아닙니까? 신뢰를 얻으려면 전문성도 있어야 하지만 올바른 품성이 있어야 돼요.

올바른 품성은 정서적인 측면과 영적인 측면에서 형성되는 거잖아요. 그것이 바탕이 되어서 지적인 부분, 신체적인 건강, 감성적인 부분, 영적인 부분 이렇게 PESS가 조화를 이루면 그 사람은 어느 시대든 그 시대를 이끌어가는 인재가 될 수 있는 거죠. 그게 본질이니까요.

본질은 변화되지 않으니까 시대가 바뀌어도 이 네 가지가 조화 있게 계발되면 어느 사회에서 무슨 일을 하든지 다 적용되는 거예요. 그래서 전인교육이 중요한 거예요. 중고등학교에서 전인교육만 받고 대학에서는 균형 잡힌 인격형성에 바탕을 둔 전문교육을 받으면 그 사람은 훌륭한 일을 할 수 있어요.

그런 사람이 중요한 자리에 앉으면 그 회사는 성공할 수 있는 거죠. 리더가 본질직관 능력을 가지고 순간순간 바른 판단을 내릴 수 있으니까요.

멀리서 보면 정상이 보여요

내가 인식하는 깊이만큼 세상을 포용하는 의식의 폭은 넓어집니다. 어느 차원에서 자아를 인식하느냐에 따라 의식의 폭이 결정된다는 뜻입니다.

감각 차원에서 자아를 인식한다면 삶이 감정적이고 충동적인 행동방식으로 나타날 것이고, 정신적인 차원에서 자아를 인식하고 살아간다면 합리성을 추구하게 될 것입니다. 그런데 영적인 차원에서 자아를 인식하게 되면 초월적 관계가 되죠. 즉 너와 내가 하나라는 의식으로 폭이 넓어져 내가 너를 위해 하는 봉사는 곧 내가 나로서 완성되어 가는 삶이 되지요.

또한 내가 어떠한 세계관을 통하여 자아를 인식하느냐에 따라서 인간관계 방식도 달라져요. 인간중심주의 사고의식 안에서 자아를 인식하는 사람은 합리적으로 관계를 하게 되지요.

그리고 생명중심의 생명의식 안에서는 상호의존적 인간관계를 지향할 것이고 존재중심의 존재의식 안에서는 너와 내가 하나라는 통합된 사고로 인간관계를 하게 될 겁니다.

더 나아가 하느님 중심의 직관의식 안에서는 초월적 인간관계로서 이웃 안에서 하느님의 모습을 발견하게 됩니다. 그렇게 될 때 진정으로 너와 나의 일치가 이루어지게 되지요. 좀 더 자세하게 이야기를 해보죠.

우리 인간은 감각세계를 이루는 몸이 있고, 그 안에 혼이라는 정신세계가 있어요. 그리고 가장 깊은 곳에 영적인 세계가 있지요. 영의 세계를 통해 우리는 영원성을 체험하게 됩니다.

몸 중심의 패러다임에서 인생을 느끼는 것, 혼 중심의 패러다임에서 인생을 생각하는 것, 영 중심의 패러다임에서 인생을 관조하는 것은 전혀 다른 차원입니다. 자아를 감각적인 차원에서 인식하느냐, 정신적인 차원에서 인식하느냐, 영적인 차원에서 인식하느냐에 따라서 가치관과 세계관은 달라지지요.

영 중심의 인생관에서는 죽음도 없고 끝도 없어요. 영원한 삶

속에 지금이라고 하는 시간 안에 존재하는 것뿐이거든요.

이 세상은 논리적으로 설명될 수 있는 부분보다 설명 안 되는 부분이 훨씬 많잖아요. 그러니까 논리적으로 내 삶을 설명하고 설명하다가 도저히 설명할 수 없는 한계상황에 부딪혔을 때, 논리를 초월하지 않으면 이해할 수 없는 세계를 만나게 되지요. 논리적으로 설명이 안 되니까 역설적인 표현을 하게 되지요. 그 역설의 세계가 영적인 세계예요.

자신 앞에 닥쳐온 문제상황이 자신의 가치관이나 세계관으로 설명이 안 되고 감당하기 힘들 때 어떻게 하지요? 문제상황을 바꿀 수는 없고 문제의 본질을 파악하여 상황 자체를 다른 차원에서 바라볼 수 있는 시각으로 스스로 변화해야 돼요. 즉 정신세계의 차원에서 생긴 문제들은 영 중심의 차원으로 전환돼야 감당할 수 있게 돼요. 왜? 영원한 세계니까 그 세계 안에서 모든 것을 포용할 수 있지요.

자신의 모든 것을 버려야 새로운 세계가 열린다고 하잖아요. 그런데 실제는 정신적인 세계 안에서 형성된 가치체계와 지식체계들이 영 중심의 차원에서 재해석되고 재구조화되면서 승화된다고 봐야지요.

우리가 등산을 할 때 멀리서 보면 산 정상이 보여요. '아, 우리가 갈 곳이 저기야' 그런데 산속으로 들어가면 정상이 안 보여요. 그럴 때는 많은 사람들이 가는 길을 그냥 따라가게 되지요. 그렇게 반쯤 올라갔는데 정상과는 전혀 다른 방향의 엉뚱한 산의 중간쯤 와 있는 거예요. 그럴 때 본래 가려던 산의 정상을 가려면 어쩔 수 없이 다시 내려와야 되거든요.

마찬가지로 지금까지 쌓아놓은 모든 지식체계나 사고체계가 너무 아깝지요. 그래서 주춤주춤하잖아요. 그런데 그걸 버리지 않으면 절대 정상에 갈 수 없어요. 그걸 버리면 내가 지금까지 쌓아왔던 모든 것이 다 무너지면서 영적인 패러다임 안에서 새롭게 재해석 되고 이전과 다른 삶을 깨닫게 돼요.

그 삶의 바탕에서 살아가는 게 진리예요. 그래야 우리가 어떻게 사는 게 참된 삶인지 알게 되고 나를 찾게 돼요.

존재방식은 어느 차원에서 나를 인식하느냐의 문제이고 행동방식은 내가 삶의 중심을 어디에 두고 있느냐의 문제지요. 똑같은 사물을 봐도 그 사람이 어떤 차원에서 그걸 인식하느냐에 따라서 그 이후에 나타나는 행동방식은 다르게 나타나요. 내가 영의 차원까지 인식한다면 내 삶의 중심은 영인 거죠.

행동방식은 그 사람이 살아가는 방식에 따라 나타나요. 사고의식, 생명의식, 존재의식, 직관의식이 각각 다르죠. 사고 중심

으로 살아가는 사람은 무엇이 옳고 그르냐를 따질 때 합리적이
냐, 비합리적이냐를 따져요. 기준이 합리성이죠.

생명의식을 갖고 살아가는 사람은 기준이 자연의 순리에요.
자연의 이치에 맞느냐, 아니냐를 가지고 옳고 그름을 따집니다.
합리성도 순리의 한 부분이죠.

〈도덕경〉을 보면 노자가 생명의식을 가지고 살았다는 것을
알 수 있어요. 물의 속성에 대해서 상당히 깊이 있는 통찰을 해
요. 물이 참 유연하잖아요. 물은 그릇의 모양에 따라서 언제든
자신을 변화시켜 나가요. 대상에 따라서 상황에 따라서 자기를
언제나 변화시킬 수 있어요.

동양철학에 공空의 세계가 있어요. 불가에서는 '시방세계'라
고 하지요. 동서남북 4방과 동북, 동남, 서북, 서남까지의 팔방
에 위, 아래 하면 10방이죠? 이게 우주잖아요. 그래서 공이라고
하는 이 개념은 모든 존재가 다 포용되는 개념이에요. 존재의식
속에서는 공이 가장 큰 세계잖아요.

불가에서는 '우주가 응축된 것이 마음이고 마음을 펼치면 우
주다. 그래서 마음을 깨달으면 우주를 깨닫는 것이다' 마음을
펼치면 우주가 되니까 우주를 다 알려고 할 필요 없이 내 마음
을 알면 우주를 아는 거예요.

쌀 한 톨을 가지고 깊이 있게 명상을 해보세요. 쌀 한 톨 안에 우주가 있어요. 쌀 한 톨이 되기까지 우주의 법칙이 총동원되니까요. 우주의 법칙 중에서 하나만 어긋나도 쌀이 되지 않아요. 수분이 부족해도, 빛이 없어도 안되죠. 모든 조건이 완벽해야 쌀이 되는 것이거든요. 쌀 한 톨 안에 우주가 들어 있는 거예요.

마음이 펼쳐지면 우주고, 우주가 응축된 것이 내 마음이에요. 내 마음이 공이에요. 공의 마음이라고 하는 것은 포용성을 뜻하는 거예요. 이게 존재의식이죠.

그런데 영 중심의 패러다임은 존재의식, 생명의식, 사고의식을 다 포용하면서 영원한 세계와 만나는 하느님과의 관계예요. 그래서 끝이 없어요. 영원한 것이죠.

영성, 근원과의 만남

우리가 '사랑'을 언어로 표현한다면 '사랑은 있는 그대로를 포용하는 것이다'고 표현할 수 있어요. 내 패러다임으로 상대방을 포용하는 것이 아니라 있는 그대로 포용하는 것을 말해요.

진흙 같은 사랑이 있어요. 진흙 속에 내 손을 딱 집어넣으면 진흙이 내 손 모양대로 포용하잖아요. 그런데 시간이 지나면 옴짝달싹 못하게 마비시켜 놔요.

우리는 진흙과 같은 사랑을 많이 하지요. 결혼도 마찬가지예요. 결혼하기 전에는 상대방을 다 포용하는 것 같은데 결혼하고 나면 옴짝달싹 못하게 조여버려요. 진흙과 같은 사랑은 바로 사고중심, 자기 패러다임에 갇힌 것이라 볼 수 있어요.

진흙보다 조금 더 유연한 물과 같은 사랑이 있어요. 물속에 손을 집어넣으면 물이 내 손을 딱 감싸잖아요. 구부리면 구부린 그대로 감싸요. 그런데 물속에 오래 있으면 나를 서서히 변화시켜요. 살이 부풀어 오르잖아요.

이처럼 생명의식을 가지고 있으면 편안하지만 오래가면 서서히 변화해요. 완벽한 사랑이 아니죠.

존재의식을 갖고 있으면 공空과 같은 사랑을 할 수 있어요. 내 손이 있는데 내 손 사이에 뭐가 보이나요? 보이지 않죠! 하지만 이 빈 공간에 있는 공기가 내 손을 감싸고 있어요. 있는 그대로를 감싸고 있어요. 아무리 오래돼도 손을 변화시키지 않아요. 공과 같은 사랑, 가장 큰마음, 그 마음을 석가모니가 깨달은 거예요.

그런데 예수님은 그 마음을 사셨어요. 깨달음과 삶은 달라요. 깨달은 것이 삶으로 연결될 수 있지만 깨달음이 곧 삶은 아니에요. 예수님은 그렇게 사신 분이에요. 직관의식으로 사신 분이에요. 그래서 석가모니는 죽음으로 끝나지만 예수님은 부활하잖아요. 그게 영원성이에요.

우리가 직관의식 속에서, 영 안에서 자아를 인식하고 자아의 근원을 인격적으로 만나면 하느님을 인격체로 만나는 거예요.

그냥 인격체가 아니라 존재의 근원으로 만나는 거잖아요. 나를 있게 한 그 근원, 참된 나. 이게 영성으로 사는 거예요.

인간에게 영적인 부분이 있어서 하느님과의 통교도 이루어지는 거지, 하느님과 통교를 하기 때문에 영적인 부분이 있는 게 아니잖아요!

저는 트라피스트수도회 사람들처럼 침묵수행을 즐겨해요. 산행을 좋아하는데, 산에 있는 나무와 풀들은 다 자기다운 모습으로 있잖아요. 그 속에서 '내가 뭔가?' '본연의 인간은 뭘까?'를 묵상할 수 있어 산에 갔다 오면 너무너무 좋아요.

종교인들뿐만이 아니라 일반인들도 신앙이 있든 없든 삶의 의미를 묻잖아요. "인생의 의미가 무엇이냐? 어느 때 가치가 있느냐?"를 묻잖아요. 그럴 때 영적인 부분이 계발되는 거죠.

사람에게 목표의식이 없으면 내가 지금 뭘 하는지 알 수가 없어요. '내가 인생을 의미 있게 살고 있다'고 느끼는 것은 목표의식을 갖고 목표에 한 발 한 발 가고 있다고 느낄 때잖아요.

그런데 그 목표의식도 어느 차원의 목표의식이냐에 따라서 또 달라요. 내가 '10억을 벌어야 되겠다'는 목표의식을 가졌다면 10억을 벌 때까지는 의미를 느껴요. 그런데 10억을 번 다음에는 목표의식이 없어져 허무에 빠지는 거예요.

'나는 교수가 되겠다, 의사가 되겠다' 하는 목표의식이 있다면 그것을 달성하기 위해서 날마다 열심히 노력해요. 그리고 다 이뤘어요. 그런데 그다음은… 허무로 빠져요. 더 뛰어가지를 못해요. 그 목표의식이 감각세계와 정신세계 안에서 형성된 목표의식이었기 때문에 그런 거예요.

감각세계, 정신세계를 중심으로 살아가는 사람에게 죽음이란 허무로 돌아가는 것이고 모든 게 다 무너져버리는 것이죠. 내가 10억 벌어도 죽은 다음에 자손끼리 막 싸우고 갈라져 오히려 가족에게 해가 될 수도 있기 때문에 허무하고….

그런데 본질, 영에 바탕을 둔 목표의식에서는 죽음은 또 새로운 삶이니까 고통도 의미가 있고 죽음까지도 의미가 있어요.

본질에 바탕을 두지 않은 목표는 흔들리게 돼 있지만 본질에 바탕을 두고 목표를 설정하면, 끊임없이 삶의 의미를 찾아갈 수 있게 돼요. 그리고 영에 바탕을 두고 있으면 지위나 물질은 그냥 따라와요.

영의 세계는 물질세계와 동떨어진 세계가 아니에요. 영의 세계 안에는 정신세계와 물질세계가 포함되어 있거든요. 거기에 집착하지 않을 뿐이지….

그래서 진정한 인생의 목표는 본질에 바탕을 두어야 되는 거예요. 왜냐하면 돈이나 지위, 명예 같은 현상적인 목표는 의미는 찾을 수 있지만 가치 없는 의미일 수 있어요. 가치를 만나려면 본질에 바탕을 둬야 되는데, 그 본질이 뭐냐? 인간이 인간다울 때 그게 본질이에요. 인간이 인간답다는 게 뭐냐? 바로 PESS라는 인간의 구성요소들이 균형 있게 계발된 인간이죠.

그런데 그렇게 균형 있는 인간이 되기 위해서는 영성이 중심이 되어야 한다, 바로 그거예요.

다른 학교는 서로 경쟁만 하다 보니까
자기 노트를 빌려주지도 않고 가르쳐주지도 않는데,
우리 애들은 누가 물어보면 너무 잘 가르쳐줘요.
모르면 친구한테 가서 "이거 어떻게 하냐?"
그러면 애들이 다 설명해줘요. 인성교육의 힘이죠.

꼴찌로 들어와 일등한 아이

김영삼 대통령시절에 5·31 교육개혁안을 발표했는데,
교육개혁내용이나 방향 자체가 이미 우리 학교가 하고 있던 것이었어요.
그걸 보고 선생님들이 깜짝 놀랐지요.
"신부님! 이번에 발표된 교육개혁 그거 지금 우리가 하고 있는 거예요!"

더 놀란 것은 교육부였어요. 전국에 있는 석학들에게
2년간 연구를 시켜서 교육개혁을 발표했는데,
이름 없는 시골학교에서 벌써 시행하고 있었으니 얼마나 놀랐겠어요.

교육부도 놀란 시골학교